REVUE DU **CRIEU[R]**

W0359034

Le temps de la révolte

La « Nuit debout », qui a surgi au cœur des villes françaises dans le sillage des mobilisations contre le dynamitage réactionnaire du Code du travail, a commencé par inventer un nouveau calendrier. Démarrant le 31 mars, premier soir de rassemblement sur la place de la République à Paris, il n'envisage les jours qu'en prolongation de la lutte, sa durée gagnée et ses convergences accumulées. Un interminable mois de mars se dresse ainsi comme une barricade de temps sauvé et libéré, face à la machinerie horlogère du pouvoir, ses décisions imposées d'en haut, ses passages en force oligarchiques, son agenda autoritaire et inégalitaire.

Dans ses thèses « Sur le concept d'histoire », son dernier écrit de 1940, Walter Benjamin soulignait combien tout réel bouleversement démocratique et social de l'ordre existant suppose un autre imaginaire du temps. « La grande Révolution introduisit un nouveau calendrier, écrit-il. Le jour avec lequel commence un nouveau calendrier fonctionne comme un ramasseur historique de temps. Et c'est au fond le même jour qui revient toujours sous la forme des jours de fête, lesquels sont des jours de remémoration. » Et de rappeler aussi qu'en juillet 1830, durant les Trois Glorieuses, on vit des insurgés parisiens tirer sur des horloges murales.

Pourfendeur d'une histoire écrite par avance, ne laissant pas de place à l'imprévisible de l'événement, Benjamin opposait le calendrier à l'horloge, l'invention de l'un à la répétition de l'autre. Le temps mécanique, quantitatif et immuable, de l'horloge ou de la montre, c'est celui de la domination, un temps d'immédiateté, sans mémoire ni histoire, temps d'un présent monstre où l'oubli du passé congédie le possible du futur. Avec l'inattendu de la révolte surgit la tentative d'arrêter ce temps vide et d'ouvrir la voie à un autre temps, celui de la pensée, de la parole et de l'action. Un temps nouveau, porteur d'une espérance improbable qui puisse conjurer le probable de la catastrophe.

Parier sur cet improbable, c'est prendre le temps de l'invention contre la fatalité. Le temps, aussi, de reconstruire des cadres d'espérance et de réarmer des possibles – comme le font plusieurs expérimentations politiques, du Kurdistan aux campus sud-africains, en passant par les nouveaux imaginaires et pratiques de la révolte en France, dont la *Revue du crieur* se fait l'écho dans ce numéro.

SOMMAIRE

Yves Citton est professeur de littérature à l'université de Grenoble et codirecteur de la revue *Multitudes*. Il a publié récemment *Renverser l'insoutenable* et *Pour une écologie de l'attention* (Le Seuil, 2012, 2014).

Joseph Confavreux est journaliste à Mediapart depuis 2011, en charge de la culture et des idées, après dix ans passés à France Culture. Il est corédacteur en chef de la *Revue du crieur* et membre du comité de rédaction de la revue *Vacarme*.

Dan Israel est journaliste à Mediapart. Il traite depuis dix ans, en alternance ou conjointement, les questions économiques et médiatiques (notamment lorsqu'il a travaillé pour le site arretsurimages.net).

Aurore Gorius est journaliste depuis quinze ans. Elle a publié plusieurs ouvrages d'enquête dont *Fils et filles de. Enquête sur la nouvelle aristocratie française* (La Découverte, 2015) et *Les Gourous de la com' dérapent* (Fayard, 2016).

Mathieu Léonard est historien de formation et journaliste. Il est l'auteur de *L'Émancipation des travailleurs. Une histoire de la première Internationale* (La Fabrique, 2011) et participe au mensuel *CQFD*.

Isabelle Mayault est journaliste indépendante française (*L'Obs, Causette, Le Quatre Heures*). Elle a couvert pendant cinq ans l'actualité du Moyen-Orient, avant de s'installer au Burkina Faso en 2015. Elle est l'auteure de *Jours Tranquilles au Caire* (Riveneuve, 2015).

LES AUTEURS

Richard Mèmeteau est professeur de philosophie, contributeur au site minorites.org, cofondateur du blog freakosophy.com, et l'auteur de *Pop Culture* (Zones/La Découverte, 2014).

Ugo Palheta est sociologue, maître de conférences à l'université Lille-3. Il est l'auteur de *La Domination scolaire* (PUF, 2012) et, avec Daniel Bensaïd et Julien Salingue, de *Stratégie et parti* (Les Prairies ordinaires, 2016).

Laura Raim est journaliste indépendante, collaboratrice régulière du *Monde diplomatique* et de *Regards*, et cofondatrice du site culturel Hors-Série. Elle est coauteur de *Casser l'euro pour sauver l'Europe* (Les Liens qui libèrent, 2014).

Ellen Salvi est journaliste à Mediapart, où elle couvre depuis 2014 les droites françaises. Avant cela, elle a travaillé pendant cinq ans dans différentes maisons d'édition.

Yves Sintomer est membre de l'Institut universitaire de France et professeur de science politique à l'université Paris 8. Il a publié de nombreux livres et articles sur la question de la démocratie.

Mikhael Subotzky est un artiste sud-africain qui utilise la photographie, la vidéo et le cinéma. Il est né en 1981 au Cap et vit actuellement à Johannesburg.

CE QUE LISENT, ÉCOUTENT ET COLLECTIONNENT LES GRANDS PATRONS

En quête de la culture du CAC 40

PAR LAURA RAIM

Les patrons français ont toujours affiché avec la culture, dans une classique stratégie de distinction, des liens de connivence. Mais ce qui distingue aujourd'hui les élites est désormais moins un répertoire classique que la capacité à tout assimiler, aussi bien la culture populaire que la culture savante, en naviguant de l'une à l'autre. Le hip-hop et l'opéra. Le rock et le baroque. Les séries TV et les sérigraphies. Comment concilier, avec aisance, cette exigence d'éclectisme avec des fonctions de direction ? Par exemple en délaissant des formes culturelles légitimes – comme la lecture –, trop exigeantes et gourmandes en temps, au profit d'un art contemporain « pratiqué » et collectionné par les grands patrons avec d'autant plus d'avidité qu'il offre un rapport investissement/bénéfices sans équivalent.

«*Je n'ai pas le temps de lire.*» La réponse du Directeur général français d'un mastodonte de l'acier croisé dans les couloirs de l'université d'été du Medef organisée sur le campus de HEC augure mal d'une enquête sur la culture des patrons. Voyant ma déception, le quinquagénaire tente d'étoffer un peu : il lit la presse et, quand il trouve du temps, il fait du sport. «*Je ne suis pas dans le rêve, je suis dans le concret*», élabore-t-il, avant de lâcher un «*c'est terrible, hein !?*» semi-interrogatif.

La librairie éphémère montée pour l'occasion confirme que l'on n'est pas «dans le rêve». On y trouve une sélection impressionnante d'ouvrages tournés vers le public du Medef : *Les Saboteurs*, de l'éditorialiste libéral Éric Le Boucher, *Pourquoi la lucidité habite à l'étranger*, de l'omniprésent analyste financier Nicolas Bouzou, les œuvres complètes de Michel Godet, vice-président de la fondation MMA des Entrepreneurs du futur, parmi lesquelles *Le Courage du bon sens*. Mais aussi *Entreprenez ! À l'indignation, préférez l'action*, pied-de-nez à Stéphane Hessel écrit par l'entrepreneur Philippe Hayat.

Les manuels de coaching *Et si j'obtenais ce que je veux !* ou *Oui, vous avez du charisme !* côtoient les livres de management, qui rivalisent d'originalité pour attraper le regard. On retiendra *Comment votre swing peut améliorer votre management. 18 leçons de business par le golf* ou, plus intello, *La Philosophie au secours du management*, dans lequel Patrick Errard, président du syndicat de l'industrie pharmaceutique en France, nous apprend par exemple qu'« *il faut bien comprendre que, pour Descartes, le doute ne s'oppose pas à la capacité que l'on a de décider avec confiance de telle ou telle orientation* ».

« *JE NE SUIS PAS DANS LE RÊVE, JE SUIS DANS LE CONCRET* », LÂCHE LE DIRECTEUR GÉNÉRAL D'UN MASTODONTE DE L'ACIER.

Abordés sur les pelouses du campus pendant cette université d'été, Guillaume Sarkozy, ex-DG de Malakoff Médéric, et Laurent Solly, DG de Facebook France, ne prennent que le temps de lâcher leurs livres de chevet respectifs : *Le Cosmos et le Lotus. Confessions d'un astrophysicien*, de Trinh Xuan Thuan, et *Confucius et les Automates*, écrit par Charles-Édouard Bouée, patron du cabinet de conseil allemand Roland Berger, qui s'interroge sur la « valeur ajoutée » de l'homme dans un monde informatisé. En dépit des consonances métaphysico-spirituelles de ces titres, on est toujours loin du « rêve ».

Services de « non-communication »

Mis à part ces quelques « figures » un peu connues, il sera quasiment impossible d'obtenir des entretiens avec les grands patrons. Toutes les demandes envoyées sont restées lettre morte : Jacques-Antoine Granjon, Xavier Niel, Bernard Arnault, Mathieu Pigasse, Jean-Baptiste Rudelle… Les seuls que je parviens à rencontrer sont ceux dont le contact m'a été donné par des relations personnelles. Et encore, à l'exception de Jean-Louis Beffa, tous exigent l'anonymat absolu. Même cet ancien dirigeant d'une grande banque d'investissement devenu galeriste spécialisé dans la sculpture figurative du XXe siècle, et pour qui « *à un moment, dans une vie réussie, on doit arriver à l'art, sinon il manque une case* », me demande de ne pas citer son nom. Il paraît loin le temps où les documentaristes Gérard Mordillat et Nicolas Philibert pouvaient tourner *La Voix de son maître*. Nous sommes en 1977, à la veille du tournant néolibéral. Douze patrons de grandes entreprises parlent librement, face caméra, du pouvoir, des grèves, des syndicats, etc. Réalisant après coup la portée subversive de la démarche, l'un des patrons interviewés obtiendra la censure du film, qui ne sortira en DVD que trente ans plus tard.

MIS À PART QUELQUES « FIGURES » UN PEU CONNUES, IL SERA QUASIMENT IMPOSSIBLE D'OBTENIR DES ENTRETIENS AVEC LES GRANDS PATRONS.

Aujourd'hui, on ne la leur fait plus. Dans leurs travaux sur la grande bourgeoisie, Monique et Michel Pinçon-Charlot montrent que, contrairement aux « sans-voix » dominés, la sous-exposition des dominants résulte d'une stratégie volontaire et organisée. Ils réservent leur parole, lissée par des sessions de *media training*, aux organes de presse amis, soigneusement filtrés par les tout-puissants services de communication – ou plutôt de « *non-communication* », comme les appelle le journaliste François Ruffin, auteur du film

Merci, patron!. Quant aux plus bavards, ils « écrivent » des livres minutieusement calibrés. À défaut d'entrer dans l'intimité et les pratiques réelles des décideurs, il est donc possible, à travers ces écrits et ces entretiens accordés au compte-gouttes, de saisir la manière dont ils veulent se voir et se montrer en matière culturelle.

LES PATRONS RÉSERVENT LEUR PAROLE, LISSÉE PAR DES SESSIONS DE *MEDIA TRAINING*, AUX ORGANES DE PRESSE AMIS.

La quête aurait sans doute été différente s'il existait, parmi les chefs d'entreprise, de véritables intellectuels. En son temps, le grand patron de l'aluminium Louis Marlio correspondait à ce profil rare : ce polytechnicien docteur en droit, auteur d'un ouvrage sur *Le Sort du capitalisme*, a joué un rôle clé dans les débats du colloque Walter Lippmann, acte de naissance de la refondation intellectuelle de la pensée libérale dans l'entre-deux-guerres. Aujourd'hui, le seul nom qui vienne à l'esprit est l'ancien vice-président du Medef, Denis Kessler. Dans une première vie, le P-DG ultralibéral du réassureur Scor fut chercheur, professeur agrégé de sciences sociales et de sciences économiques, après avoir suivi un cursus de philosophie et de science politique en plus de son diplôme de HEC. Ce n'est pas un hasard s'il est le seul à avoir réellement théorisé une doctrine pour le Medef. C'est en effet lui qui élabore en 1999, en tandem avec le philosophe et ancien assistant de Michel Foucault, François Ewald, la « refondation sociale », laquelle affirme notamment le primat du contrat social sur la loi et influence tous les projets néolibéraux de « réforme » du travail.

Un patron citant spontanément Beck, Marx, Foucault, Rancière, Balibar, Spinoza et Althusser, on n'en croisera pas d'autre. On trouve plutôt l'exact opposé, notamment dans la nouvelle économie numérique. Jacques-Antoine Granjon, fondateur de ventesprivees.com, a obtenu son bac au deuxième essai, puis intégré une petite école de commerce parisienne avant de se lancer dans le déstockage des fins de séries dans le Sentier. Le fondateur de Free, Xavier Niel, qui a abandonné ses études avant la fin de la première année de fac, ne fait pas semblant de s'intéresser à l'art ou à l'opéra. Lorsqu'il se lance dans le mécénat, il ouvre une fondation destinée à offrir des accès internet aux victimes de la fracture numérique, puis 42, une école d'informatique gratuite.

Si Niel fait figure d'exception en tant qu'authentique « *self-made-man* », le capitaine d'industrie peu diplômé et peu soucieux de distinction culturelle est un personnage répandu dans le capitalisme familial qui domine les années 1960 et 1970. Lorsque la légitimité repose sur la filiation, il peut être superflu de réaliser de brillantes études et d'acquérir une culture classique. Gérard Mulliez, le fondateur d'Auchan, sortait d'une petite école d'ingénieurs du Nord avant de commencer à travailler chez Phildar, l'entreprise de son père. François Pinault avait quitté l'école à seize ans avant de reprendre en 1963 l'entreprise de bois de son père. Martin Bouygues, fils du fondateur du groupe de BTP, n'a fait qu'une année à Dauphine avant d'entrer dans le groupe familial. Patrick Ricard n'avait que le bac lorsqu'il a succédé à son père, Paul, aux commandes du groupe Pernod Ricard.

LORSQUE LA LÉGITIMITÉ REPOSE SUR LA FILIATION, IL PEUT ÊTRE SUPERFLU DE RÉALISER DE BRILLANTES ÉTUDES ET D'ACQUÉRIR UNE CULTURE CLASSIQUE.

Pierre Bourdieu a décrit dans *La Distinction* comment, au sein de la classe dominante, les chefs d'entreprise, commerçants et professions libérales étaient souvent dominés en termes de capital culturel par les enseignants, chercheurs, artistes et journalistes. Il est alors tout à fait possible de faire carrière sans être un « honnête homme » cultivé. Une tradition tenace de l'élitisme français veut même que les élèves les plus brillants soient tenus à l'écart du monde des affaires. À la tête de Criteo, l'une des rares start-ups hexagonales cotées à Wall Street, Jean-Baptiste Rudelle raconte dans son livre *On m'avait dit que c'était impossible* que, pour sa mère chercheuse en sciences politiques et son père artiste peintre, l'entrepreneur était «*perçu comme peu glorieux et au fond un peu vulgaire. L'insulte suprême pour mon père était d'être traité de "marchand de cochons enrichi"*».

Culture classique et art lyrique

Mais le visage du grand patronat change à partir des années 1980. La part des grandes familles propriétaires tend à décliner dans le capitalisme actionnarial conquérant, laissant plus de place à des managers sans lien patrimonial avec l'entreprise. Comme Michel Pébereau (BNP Paribas) ou Didier Lombard (France Telecom), la plupart sont des «*patrons d'État*», pour reprendre l'expression de Bourdieu, qui sont tout aussi diplômés que les élites « culturelles » : ils ont fait les grandes écoles de la République (entre 1985 et 1994, près de la moitié des patrons des 200 premières entreprises sont passés par l'X ou l'ENA), puis occupé des fonctions dans les grands corps d'État (comme l'Inspection des finances) ou les ministères, avant de prendre les rênes d'entreprises publiques ou privées. Même les patrons « héritiers », qui peuvent se permettre des parcours plus « atypiques », cherchent de plus en plus à se doter d'une légitimité scolaire de haut niveau et de ce qu'elle amène de socle culturel. Bernard Arnault intègre l'École polytechnique avant de rejoindre l'entreprise familiale de travaux publics Ferret Savinel, de même que Serge, fils de Marcel Dassault.

LE VISAGE DU GRAND PATRONAT CHANGE À PARTIR DES ANNÉES 1980, LA PLUPART DES « PATRONS D'ÉTAT » SONT TOUT AUSSI DIPLÔMÉS QUE LES ÉLITES « CULTURELLES ».

Quelles sont les habitudes culturelles de ces dirigeants sortis des grandes écoles ? Malgré l'insistance rhétorique sur le « mérite » et l'« ouverture », les règles du jeu sont restées taillées sur mesure pour les enfants de l'élite existante[1] qui ont développé depuis leur naissance les dispositions les avantageant au moment des concours. Résultat : deux tiers des dirigeants du cœur de l'élite sont issus de la haute bourgeoisie[2]. Ce qui implique qu'ils ont souvent été familiarisés très tôt avec les œuvres de la « haute culture » musicale, picturale, littéraire, théâtrale ou cinématographique.

DEUX TIERS DES DIRIGEANTS DU CŒUR DE L'ÉLITE SONT ISSUS DE LA HAUTE BOURGEOISIE. CE QUI IMPLIQUE QU'ILS ONT SOUVENT ÉTÉ FAMILIARISÉS TRÈS TÔT AUX ŒUVRES DE LA « HAUTE CULTURE ».

L'ex-patron de Renault Louis Schweitzer en est un prototype parfait. Issu d'une famille de la bourgeoisie protestante alsacienne, petit-neveu du Prix Nobel de la paix Albert Schweitzer et du chef d'orchestre Charles Münch, cousin de l'écrivain Jean-Paul Sartre, fils d'un directeur général du FMI, il entretient un rapport privilégié avec le théâtre. Les « Matinées classiques » de la Comédie-Française ont marqué son enfance. Après un parcours sans faute ENA-Inspection des finances, il prend la direction du constructeur automobile français, mais gardera toujours un pied dans la culture : président de la Société des amis du musée du Quai Branly, administrateur du musée du Louvre et surtout président du Festival d'Avignon depuis 2005. Son copain de promo de l'ENA, Marc Ladreit de Lacharrière, patron de Fimalac, propriétaire de l'agence de notation Fitch, est quant à lui collectionneur d'arts premiers et mécène du Louvre.

Même univers culturel – peuplé de disques de Bellini, de films d'Antonioni et de livres de Stefan Zweig – pour Jean-Louis Beffa, passé par X Mines. L'ex-boss de Saint-Gobain et éminence grise du patronat français des années 1980 et 1990 me raconte avec émotion l'achat de son premier disque vinyle : « *Je devais avoir six ans, c'était la Sixième Symphonie de Beethoven, par Wilhelm Furtwängler. Je me souviens de la couverture rose de Peynet.* » La première fois qu'il est allé à l'opéra, c'était dans sa Nice natale, pour voir *Les Maîtres Chanteurs de Nuremberg*, de Richard Wagner, se rappelle le mélomane qui préside depuis plus de dix ans l'Association pour le rayonnement de l'Opéra de Paris (l'Arop). Du *Guépard*, son film préféré, il cite la célèbre formule du Prince Salina, « *Il faut que tout change pour que rien ne change* », qu'il a faite sienne durant ses vingt et un ans à la tête de Saint-Gobain.

L'EX-BOSS DE SAINT-GOBAIN ET ÉMINENCE GRISE DU PATRONAT FRANÇAIS ME RACONTE AVEC ÉMOTION L'ACHAT DE SON PREMIER DISQUE, LA SIXIÈME SYMPHONIE DE BEETHOVEN.

Le capitaine d'industrie est aussi un lecteur surprenant. Il possède les références attendues de la part d'un social-démocrate ayant fréquenté la Fondation Saint-Simon, dont le gouvernement idéal est « *Juppé Président, Macron Premier ministre* » et qui fustige les « *rigidités* » des centrales syndicales : les essayistes Jacques Attali et Alain Minc, mais aussi les historiens François

Furet et Pierre Rosanvallon, ou bien encore le prospectiviste Jeremy Rifkin et l'entrepreneur numérique Nicolas Colin afin de cerner l'« uberisation » qui menace selon lui les grands groupes. Mais quand on lui demande quel auteur l'a le plus marqué, il répond sans hésiter l'historien Fernand Braudel. De *La Grammaire des civilisations*, il restitue en détail les analyses sur les « cultures du riz » asiatiques et le confucianisme qui lui auraient été cruciaux lorsqu'il s'est implanté dans la région. Il faut croire que le temps long braudélien sied bien au pilote de l'expansion internationale de l'entreprise héritière de la Manufacture royale des glaces créée sous Louis XIV, qui estime que la principale fonction du dirigeant, c'est « *de voir les mutations planétaires avant les autres, afin de faire évoluer la stratégie de l'entreprise selon ce monde qui bouge*[3] ». Plus surprenant encore, il a fondé le Centre Cournot pour la recherche en économie, qui diffuse les travaux de Michel Aglietta et Robert Boyer, les fondateurs de la théorie de la Régulation. « *Je suis un néomarxiste* », plaisante celui qui dit s'être appuyé sur la recherche de ces économistes hétérodoxes pour « *promouvoir le modèle commercial industriel allemand et lutter contre le modèle libéral financier anglo-saxon et contre le pouvoir absolu des actionnaires dans l'entreprise* ». L'intérêt de Jean-Louis Beffa pour les auteurs « critiques » trouve toutefois ses limites. « *Je n'aime pas Bourdieu, je le trouve inexact. Je ne vois pas les conclusions pratiques qu'il tire de ses réflexions* évacue-t-il. *Bourdieu et Foucault, c'est de la pure révolte.* » Il est certes rare que les dominants goûtent aux arguments qui exposent les fondements de leur domination…

IL EST RARE QUE LES DOMINANTS GOÛTENT AUX ARGUMENTS QUI EXPOSENT LES FONDEMENTS DE LEUR DOMINATION.

Avec son amour pour l'art lyrique, Beffa – à la retraite depuis 2010 – appartient-il à la vieille école ? Qu'en est-il de la génération d'après ? Elle passe encore par Polytechnique et l'ENA, mais aussi de plus en plus par Sciences-Po et HEC, des écoles qui suscitent un rapport moins révérencieux à la culture classique. Les concours d'entrée incluent encore une épreuve de « culture générale » mais l'enseignement accorde plus de place aux compétences techniques, juridiques, économiques et linguistiques qu'aux connaissances littéraires, scientifiques et théoriques. Une partie croissante de cette nouvelle génération ne cherche d'ailleurs plus à passer par la case publique : Bruno Lafont (Lafarge), Jean-Pascal Tricoire (Schneider) ou Pierre-André de Chalendar (Saint-Gobain) ont par exemple accompli l'essentiel de leur carrière dans le privé.

LA NOUVELLE GÉNÉRATION DE PATRONS PASSE DE PLUS EN PLUS PAR SCIENCES-PO ET HEC, DES ÉCOLES QUI SUSCITENT UN RAPPORT MOINS RÉVÉRENCIEUX À LA CULTURE CLASSIQUE.

Le cas de Matthieu Pigasse est parlant. Lui aussi produit de l'élite française, le quadragénaire est passé par Sciences-Po/l'ENA, puis les cabinets des ministères avant de devenir associé gérant de la Banque Lazard. Ses ouvrages sont saupoudrés de citations de Weber, Saint-Exupéry, Freud, Tchekhov, Arendt ou encore Pessoa, marques de cette bonne « culture générale » indispensable pour les concours. Reste que l'usage qu'il en fait est tout au plus décoratif. Évoquant par exemple ses premiers mois turbulents à la banque du boulevard Haussmann, il commente : « *Les environnements hostiles ne me gênent pas. On vit d'autant mieux qu'il faut survivre. J'aime la phrase d'Henri Michaux : "Faute de soleil, sache mûrir dans la glace."* » Au journaliste du *Financial Times*, il explique que « *les Français parlent toujours de bouffe et c'est le signe d'un pays en déclin. Cioran disait : "Si vous avez le ventre plein, votre cerveau est vide." C'est exactement ce que je pense* ». Lorsqu'il rapporte qu'il a « *dû lire* Salammbô *132 fois*, Le Comte de Monte-Cristo *217 fois* », il trahit par ce comptage exact une approche plus « *geek* » que raffinée à la littérature.

L'éclectisme, nouveau critère de la distinction

Mais là où Pigasse se différencie le plus de Beffa, c'est dans son rapport davantage décomplexé à la culture. Il adore proclamer son attachement à Verlaine et Baudelaire, mais aussi à des œuvres moins « nobles » : l'actionnaire du *Monde* et propriétaire des *Inrockuptibles* écoute à fond les Clash, les Sex Pistols, les Ramones et Arcade Fire, ne rate jamais les émissions de téléréalité telles que *Keeping Up with the Kardashians* et se dit « *accro* » au jeu vidéo *Assassins' Creeds*. Paraissant ainsi brouiller le clivage traditionnel culture savante/culture de masse.

L'USAGE QUE MATTHIEU PIGASSE FAIT DE LA LITTÉRATURE ET DES SCIENCES SOCIALES EST TOUT AU PLUS DÉCORATIF.

Le monde dominant aurait-il désormais moins besoin de se légitimer symboliquement par la culture savante ? Il semblerait plutôt que cette dernière ait perdu de son pouvoir de distinction, du fait de la massification scolaire et du libre accès à l'information sur le Net. Dans *La Culture des individus*, Bernard Lahire observe un désajustement entre hiérarchie des pratiques et hiérarchie sociale, soulignant par exemple que les pratiques « légitimes » sont loin d'être une norme au sein même des classes supérieures : 56 % de leurs membres ne sont jamais allés à l'opéra et seuls 15 % ont pour genre de films préféré les « films d'auteur ». Inversement, ces derniers sont nombreux à « s'autoriser » des pratiques peu distinguées, comme la visite de parcs d'attractions, l'écoute de variétés françaises, la télévision…

Dans son ethnographie du lycée d'élite américain Saint Paul, où les professeurs demandent par exemple aux élèves de comparer la légende médiévale de Beowulf aux *Dents de la mer* de Steven Spielberg, le sociologue Seamus Kahn remarque que les élites « *ne se définissent plus par ce qu'elles excluent, mais au contraire tirent désormais leur force du fait qu'elles assimilent tout* ». Elles écoutent aussi bien du hip-hop que de la musique baroque, en faisant de leur capacité de passer d'un univers à l'autre une nouvelle et plus subtile forme de distinction.

LES ÉLITES ÉCOUTENT AUSSI BIEN DU HIP-HOP QUE DE LA MUSIQUE BAROQUE, EN FAISANT DE LEUR CAPACITÉ DE PASSER D'UN UNIVERS À L'AUTRE UNE NOUVELLE ET PLUS SUBTILE FORME DE DISTINCTION.

C'est ainsi l'éclectisme des goûts et l'aptitude à la transgression des frontières sociales et culturelles entre les genres qui caractériseraient aujourd'hui l'élite, là où les classes populaires resteraient enfermées dans un répertoire limité de pratiques. Cette mise en valeur de la diversité culturelle et de l'ouverture d'esprit peut servir aux dirigeants à enrober des idéologies conservatrices. « *On me demande parfois comment je peux continuer à revendiquer ma culture punk en étant banquier d'affaires*[4] », dit d'emblée Matthieu Pigasse à une journaliste qui risquait de ne pas lui poser la question. « *Pour moi qui pense que tout est politique et qui suis né au monde à travers la musique, il n'y a pas de paradoxe. Les punks étaient contre le système et interrogeaient l'avenir* », affirme celui qui travaille, entre autres, pour le compte de Liliane Bettencourt, héritière du groupe L'Oréal. Il va même jusqu'à se qualifier d'« *antibourgeois* » dans les colonnes du *Financial Times* : « *Je prends aux banquiers et je rends aux pays* », ose ainsi l'associé d'une banque qui a facturé 20 millions d'euros à Athènes en 2012 pour négocier la restructuration de la dette grecque, obtenue en contrepartie de mesures d'austérité et de privatisations exigées par le FMI. « *Rien n'est plus beau que la pureté révolutionnaire* », souffle même dans une interview celui qui décrit cependant Syriza comme « *démagogique* » dans son ouvrage, *Éloge de l'anormalité.* Que propose en effet Matthieu Pigasse dans le chapitre intitulé « Audace » ? La même chose, point par point, que le Medef : « *réformer* », réduire les dépenses publiques, flexibiliser le marché du travail, etc. Le procédé n'est pas nouveau, bien sûr : se draper dans la modernité, si besoin de l'esprit « fun » et « rock », pour imposer des régressions sociales et vilipender toute forme de protection sociale comme symptôme de « fermeture » et de « repli ».

QUE PROPOSE MATTHIEU PIGASSE DANS LE CHAPITRE « AUDACE » D'UN DE SES LIVRES ? LA MÊME CHOSE, POINT PAR POINT, QUE LE MEDEF.

Cette prime à l'ouverture d'esprit se retrouve dans l'ascension d'un nouveau type de capital indissociablement culturel, linguistique et social : le capital international. D'après la sociologue Anne-Catherine Wagner, c'est autour de ce rapport au cosmopolitisme que la domination symbolique serait en train de se recomposer. « *Le "snob intellectuel" a pratiquement disparu. Une élite cosmopolite a pris sa place* », explique Seamus Kahn. À l'école, cela se traduit par le remplacement du grec et du latin par les classes « européennes » ou « internationales ». Le parcours d'Alexandre Ricard, le plus jeune patron du CAC40, est à ce titre exemplaire.

D'APRÈS LA SOCIOLOGUE ANNE-CATHERINE WAGNER, C'EST AUTOUR DU RAPPORT AU COSMOPOLITISME QUE LA DOMINATION SYMBOLIQUE SERAIT EN TRAIN DE SE RECOMPOSER.

Né en mai 1972, le petit-fils de Paul Ricard a grandi en Floride puis à Andorre. Après un MBA à la Wharton School, il a travaillé pour Andersen Consulting et Morgan Stanley à Londres, avant de « rentrer à la maison » en 2003. Selon la sociologue Anne-Catherine Wagner, ce capital international est « *bien plus dépendant du capital économique que le capital scolaire classique : hérité familialement, transmis par des institutions privées souvent très liées aux affaires, il ne peut par définition s'entretenir qu'au prix d'une aisance matérielle qui rend possibles les voyages, la multilocalisation et l'entretien des compétences linguistiques. Il est éloigné des formes les plus livresques du capital culturel et se rapproche d'une culture "mondaine", qui a toujours fait partie des conditions de préservation et d'accroissement du capital économique dans la haute bourgeoisie*[5] ».

Plus le temps de lire

La forme « livresque » du capital culturel des dirigeants, voilà la grande sacrifiée à l'heure de la mondialisation. Pour une raison simple : lire, ça prend du temps. L'ancien directeur d'une grande banque d'investissement nous le confirme : « *Depuis la financiarisation de l'économie, le dirigeant n'a pas le temps de lire, de se poser de grandes questions profondes ou stratégiques, d'être un humaniste au carrefour des salariés, des clients, des actionnaires, il a intégralement basculé du côté des actionnaires, de la gestion de court terme.* » La contrainte temporelle dont se plaignent les grands patrons est en réalité le lot des classes supérieures salariées dans leur ensemble, dont les durées moyennes de travail sont désormais plus élevées que celles des ouvriers ou des employés. Les classes dominantes ressemblent ainsi de moins en moins à cette « classe de loisir » du début du XXe siècle autrefois décrite par l'économiste et sociologue Thorstein Veblen. Aussi ce rationnement du temps libre conduit-il à une réduction des activités ascétiques et chronophages constitutives du rapport cultivé à la culture, comme la lecture de livres ou l'écoute de disques, au profit d'activités mondaines telles que la sortie à l'opéra, plus « rentables » tant pour le réseau social que pour l'image.

LE RATIONNEMENT DU TEMPS LIBRE CONDUIT À UNE RÉDUCTION DES ACTIVITÉS ASCÉTIQUES ET CHRONOPHAGES CONSTITUTIVES DU RAPPORT CULTIVÉ À LA CULTURE.

Le cas de Franck Riboud, P-DG de Danone, illustre bien cette mutation. Son père, Antoine, qui avait créé en 1976 les Rencontres musicales d'Évian et emmené son ami Rostropovitch jouer du violoncelle près du Mur de Berlin le jour de sa chute, était un véritable mélomane. Lorsque son fils ressuscite en 2013 ce festival de musique de chambre, il ne dissimule pas son ignorance en la matière. «*Je n'ai pas honte de le dire : je connais mieux les clubs des différents joueurs de l'équipe de France* [de football] *que les musiciens classiques… Je ne peux pas vous parler techniquement, intelligemment, de musique, ce qui ne m'empêche pas de l'apprécier*[6].» La connaissance approfondie du contenu est perdue mais le contenant mondain reste.

L'opéra constitue un pilier de la vie culturelle de l'élite économique qui, en donnant à l'Arop, jouit de grandes soirées de gala, de visites privées des coulisses et de cocktails à l'entr'acte. Créée en 1980, l'association de mécènes a été présidée par les plus grands noms du patronat français, parmi lesquels l'ex-P-DG de Pathé Jérôme Seydoux et l'ex-président de la Banque Lazard Michel David Weil. Dirigée depuis 2005 par Jean-Louis Beffa, l'Arop est fréquentée par une trentaine de P-DG du CAC40… Parmi les habitués, Denis Kessler, Stéphane Richard, Xavier Huillard (Vinci) ou Bruno Lafont. Après le spectacle, les convives se retrouvent pour le souper dans les foyers des opéras Bastille et Garnier, où chaque haut dirigeant réunit à sa table quelques *happy fews* : clients, parlementaires, journalistes, élus locaux, hauts cadres… C'est cette partie de la soirée qui motive certains des membres : «*Pendant le spectacle, les patrons ont tous les yeux rivés sur leur iPhone, ils s'ennuient !*» fait remarquer l'ancien banquier d'investissement. Suivant le modèle de l'Opéra de Paris, la Comédie-Française, le théâtre de l'Odéon, le Louvre, Versailles, le Musée d'art moderne de la Ville de Paris et la Bibliothèque nationale de France ont créé des sociétés d'amis.

L'OPÉRA CONSTITUE UN PILIER DE LA VIE CULTURELLE DE L'ÉLITE ÉCONOMIQUE.

La «grande amitié» avec les artistes

Il ne faudrait toutefois pas surestimer le motif utilitaire de ces cercles comme «lieux de pouvoir». Bien d'autres réseaux fermés (Le Siècle, l'Association française des entreprises privées, le Rotary…) permettent aussi bien, sinon mieux, de rencontrer les ministres et les médias, voire de peser sur eux. De nombreux dirigeants préfèrent d'ailleurs se retrouver autour de loisirs sportifs comme la chasse, le polo, le golf ou le tennis dans les clubs sélects du bois de Boulogne. Pour ceux qui choisissent l'univers artistique, les bénéfices sont d'abord existentiels et narcissiques : c'est moins la compagnie d'autres P-DG que celle des artistes qui est convoitée. Lorsqu'en juin 2014 la BNF organise un dîner au bénéfice des collections, les convives sont flattés de converser avec l'historienne Mona Ozouf ou les artistes Adel Abdessemed et Miquel Barceló.

POUR LES PATRONS QUI CHOISISSENT L'UNIVERS ARTISTIQUE, LES BÉNÉFICES SONT D'ABORD EXISTENTIELS ET NARCISSIQUES.

Mais, pour certains, un dîner de temps en temps ne suffit pas et c'est à une plus grande proximité avec les artistes qu'ils aspirent. Le banquier d'affaires Philippe Villin est intarissable sur sa relation avec l'étoile de l'Opéra Nicolas Le Riche, à l'origine de son «*premier grand choc émotionnel dans la danse*[7]». Il se souvient: «*J'ai eu la chance d'être assis à côté de lui lors du souper qui a suivi le spectacle. Ce fut le début d'une grande amitié.*». Il n'est pas un spectateur lambda, extérieur: «*Je connais certaines chorégraphies presque par cœur, je peux suivre chaque saut, chaque entrechat et souvent le moindre faux pas. Je tremble pour mes danseurs amis à l'approche des passages difficiles, je me crispe, je m'agite.*». Philippe Villin se vit comme un acteur à part entière du microcosme. «*Le jour où Nicolas Le Riche est entré en lice pour succéder à Brigitte Lefèvre comme directeur de la danse de l'Opéra, je me suis mobilisé, j'ai fait campagne… À l'annonce du choix de Benjamin Millepied, j'ai été dévasté. Au point de rester trois nuits presque sans dormir!*»

L'opéra – espace privilégié où l'*establishment* français donne à voir son «amour» de la culture – est désormais concurrencé par un autre circuit artistique, plus jeune, festif et «branché»: l'art contemporain. D'autant que, face à la contrainte temporelle, passer au vernissage de la dernière exposition de la galerie Perrotin est plus pratique qu'assister à *Rigoletto* à l'Opéra, avec ses horaires et ses durées incompressibles de spectacle. «*Acheter quatre Basquiat va plus vite que lire tout Dostoïevski*», résume le sociologue des pratiques culturelles Philippe Coulangeon. En mal de fonds publics, le Centre Pompidou ou le Palais de Tokyo profitent de cet engouement pour se doter de cercles de mécènes appréciés des hommes d'affaires. Lors du dîner 2015 de la Société des amis du Centre Pompidou, on croisait Pierre Bergé, Bruno Roger (Lazard) et Jean-Paul Claverie (groupe LVMH).

L'OPÉRA – ESPACE PRIVILÉGIÉ OÙ L'*ESTABLISHMENT* FRANÇAIS DONNE À VOIR SON «AMOUR» DE LA CULTURE – EST DÉSORMAIS CONCURRENCÉ PAR UN AUTRE CIRCUIT ARTISTIQUE, PLUS JEUNE, FESTIF ET «BRANCHÉ»: L'ART CONTEMPORAIN.

«*Le néolibéralisme a beau essayer de construire un mythe autour de l'entrepreneur héroïque, ça ne fait rêver personne d'être grand patron. Demandez à un enfant ce qu'il veut devenir plus tard: il vous dira pompier, acteur, pas P-DG! Le grand patron est encore obligé de convertir sa puissance économique brute en bien social valorisé, en puissance acceptable*», sourit le sociologue François-Xavier Dudouet, spécialiste du patronat.

Certains hauts dirigeants ne se contentent toutefois pas de donner quelques centaines ou milliers d'euros annuels *via* les cercles de mécènes pour exprimer leur goût pour l'art et la culture. Ils collectionnent, et ouvrent parfois des fondations, ce qui n'est à la portée que de la fraction la plus fortunée des grands dirigeants. Non pas les patrons «managers» salariés de leur entreprise, récompensés de leurs services par quelques *stock-options*, mais les propriétaires du capital, actionnaires majoritaires de leur empire et le plus souvent descendants des grandes familles industrielles. Parmi ces héritiers collectionneurs, on trouve des patronymes bien connus : Laurent Dassault, Guillaume Houzé, (Galeries Lafayette), Daniel et Florence Guerlain, Antoine de Galbert (héritier de Carrefour, fondateur de la Maison rouge à Paris), Amaury et Sandra Mulliez, de la dynastie Auchan, Paul Ricard ou encore Michel Édouard Leclerc. Mais les premiers noms qui sautent à l'esprit sont bien sûr les *tycoons* Bernard Arnault, première fortune de France (34,6 milliards d'euros), et François Pinault, huitième fortune (12,7 milliards).

La magie de l'art contemporain

Les deux milliardaires prolongent depuis une vingtaine d'années dans le champ de l'art contemporain leur course effrénée pour mettre la main sur les fleurons du luxe, se disputant les Basquiat, Rothko, Maurizio Cattelan, Jeff Koons, Damien Hirst, Takachi Murakami, Subodh Gupta et autres vedettes de l'art contemporain. Sans doute qu'« *une vie sans art est une vie d'âmes mortes*[8] », comme le dit le fondateur du groupe MK2 et collectionneur Marin Karmitz, mais l'art a surtout été un formidable ascenseur symbolique pour les deux magnats du luxe, qui ont commencé leur carrière dans des domaines bien moins glamour. Surnommé le « Tapie de l'aggloméré », Pinault a débuté dans le bois, Arnault dans le BTP et la promotion immobilière. Et tous deux avaient des « problèmes d'image » liés aux origines de leur fortune, que leur passion ostentatoire pour l'art a considérablement contribué à gommer.

Arnault a en effet lancé sa carrière sur une promesse violée : celle faite au gouvernement, lorsqu'il rachète le groupe Boussac, de « garantir la pérennité » du groupe textile et de conserver 12 000 des 21 000 emplois. Il encaisse les 750 millions de francs de subventions et liquide les usines, pour ne garder que les pépites, le Bon Marché et surtout Dior. Le « péché originel » de son rival est similaire : en 1986, Pinault reprend pour un franc symbolique Isoroy, le premier fabricant français de contreplaqué, et reçoit 250 millions de subventions publiques en échange de la préservation de 3 600 emplois. Plus d'un millier d'emplois sont pourtant supprimés en quelques années.

PAR LA MAGIE DE L'ART, CES PRÉDATEURS N'APPARAISSENT PLUS POUR CE QU'ILS SONT, DES *COST-KILLERS* OU DES ÉVADÉS FISCAUX MUS PAR L'APPÉTIT DU GAIN, MAIS COMME DES MÉCÈNES.

Mais, par la magie de l'art, ces prédateurs n'apparaissent plus pour ce qu'ils sont, des *cost-killers* ou des évadés fiscaux mus par l'appétit du gain, mais comme des mécènes. « *Voler en grand et restituer en petit, c'est la philanthropie* », disait l'écrivain marxiste Paul Lafargue. Ces mécènes sont-ils les nouveaux Andrew Carnegie et John D. Rockefeller ? Pour les chevaliers d'industrie confrontés aux révoltes ouvrières qu'entraînait l'industrialisation brutale, ouvrir des fondations philanthropiques apparaissait comme le meilleur moyen de fournir une « alternative privée au socialisme ». Depuis trente ans, la mondialisation engendre de nouveau d'immenses inégalités, incitant encore une fois les milieux d'affaires à se préoccuper de redorer leur image pour légitimer la concentration inouïe du capital. Offrir leurs prestigieuses collections au regard du public, au Palazzo Grassi pour Pinault ou à la Fondation Louis Vuitton pour Arnault, constitue pour eux une forme de philanthropie culturelle, qui a en outre l'avantage de diminuer les prérogatives de l'État culturel. Selon Arnault, «*c'est bien d'avoir un ministre de la Culture, mais nous avons aussi besoin de ce qui existe aux États-Unis, c'est-à-dire d'entreprises privées qui participent à la vie artistique*[9] ».

CES COLLECTIONNEURS ONT ÉVIDEMMENT TENDANCE À MINIMISER L'ASPECT LUCRATIF DE LEUR ACTIVITÉ, PARFOIS PLUS PROCHE DE LA SPÉCULATION QUE DU MÉCÉNAT.

Ces collectionneurs ont évidemment tendance à minimiser l'aspect lucratif de leur activité, parfois plus proche de la spéculation que du mécénat. Lorsque le *JDD* demande à Pinault: « *Vous considérez-vous comme un mécène ou comme un collectionneur ?* », il répond pudiquement: «*Je suis un amateur d'art.* » Pour l'ancien ministre de la Culture Jean-Jacques Aillagon, devenu conseiller de François Pinault, ce dernier « *n'a pas, avec sa collection, d'objectif d'accroissement en numéraire. Il vend quand il est moins intéressé ou qu'il n'a que quelques échantillons car il aime avoir des ensembles importants. La culture est d'abord la recherche d'un épanouissement, ou d'une distinction, comme dirait Bourdieu* ». Ce qui ne l'empêche pas de réaliser de belles culbutes: avec *Rebus*, par exemple, un tableau phare de Rauschenberg acheté 8 millions de dollars et revendu pour une trentaine de millions.

Créateurs de richesses, créateurs d'œuvres

Certains patrons très éloignés du luxe tentent eux aussi de profiter de l'aura de l'art contemporain. «*Notre action dans l'art permet à la marque, qu'on pourrait considérer comme vieillotte, de rajeunir son image*[10] », explique par exemple l'épouse de Patrick Ricard, l'ex-patron du n° 2 mondial des vins et spiritueux dont la fondation d'art contemporain est très active. Michel-Édouard Leclerc a transformé l'épicerie historique de Landerneau en fonds d'art contemporain. Amaury Mulliez, fils du fondateur austère d'Auchan, a lancé avec sa femme Sandra le prix SAM Art Projects, dont le lauréat est exposé au Palais de Tokyo.

Au-delà des avantages pour l'« image de marque » de l'entreprise, c'est l'image de l'entrepreneur en tant que « créateur » de richesses qui se trouve indirectement célébrée: «*La création me fascine très profondément, donne un sens à la démarche de l'individu, à son existence* », s'épanche Bernard Arnault qui a donné à son livre autobiographique le titre *La Passion créative.* Si l'art contemporain a pris le pas sur l'opéra et les autres pans de la culture classique dans la culture des patrons, c'est qu'il est en réalité familier et rassurant pour les grands capitalistes de ce début du XXIe siècle. Les collectionneurs mécènes ne sont pas certains de s'enrichir, l'art étant un investissement risqué, mais il n'est pas anodin que la culture qui les attire s'organise sur un

IL N'EST PAS ANODIN QUE LA CULTURE QUI ATTIRE LES GRANDS PATRONS S'ORGANISE SUR UN MARCHÉ, LEUR PERMETTE DE POSSÉDER DES ŒUVRES – CONTRAIREMENT À UN SPECTACLE D'ART LYRIQUE – ET DE LES REVENDRE AVEC PLUS-VALUE.

marché, leur permette de posséder des œuvres – contrairement à un spectacle d'art lyrique – et de les revendre avec plus-value. On s'éloigne là de la logique du mécénat, qui consiste à dépenser à perte, et on se rapproche de celle du « jeu » boursier. Les similarités entre le fonctionnement hautement spéculatif et internationalisé du marché de l'art et celui des marchés de capitaux pourraient d'ailleurs expliquer la part importante de financiers et de traders, à New York notamment, parmi les « amateurs » d'art.

PINAULT EXPLIQUE AVOIR EU ENVIE « *D'ACCÉDER À LA CONNAISSANCE ET À LA FRÉQUENTATION DE CE QUE L'HUMANITÉ AVAIT PRODUIT DE PLUS ÉLEVÉ, C'EST-À-DIRE, À L'ART* ».

Il serait simpliste toutefois de réduire cette passion à sa dimension pécuniaire et de nier la « fascination » sincère que l'art exerce sur ces patrons collectionneurs. Évoquant les critères non matériels de la « *réussite d'une existence* », Pinault explique avoir eu envie « *d'accéder à la connaissance et à la fréquentation de ce que l'humanité avait produit de plus élevé, c'est-à-dire, à l'art* ». Car, en même temps qu'il constitue un marché potentiellement rémunérateur (financièrement et symboliquement), dans lequel il apparaît logique pour des entrepreneurs d'investir, l'art contemporain représente aussi une sorte d'au-delà fantasmé de la valeur marchande, dont on peut penser qu'il finit par être le seul bien désirable à quiconque peut s'offrir littéralement *tout* ce qui s'achète.

Outre les bénéfices en termes de réseau, d'image, de fiscalité et parfois de plus-value, l'art contemporain attire l'élite économique pour une ultime raison : si une grande partie de la production est hermétique, pointue et citationnelle, son pan le plus médiatisé est relativement facile d'accès. Le succès populaire de la Nuit blanche en atteste. « *Étant constitué sur une éthique de rupture permanente, le coût d'entrée est souvent plus bas que pour l'art ancien, la littérature ou la musique contemporaine, qui nécessitent de longues années d'apprentissage* », avance Philippe Coulangeon. Si l'« éclectisme » et l'« ouverture d'esprit » sont les nouvelles valeurs de l'élite, l'art contemporain en incarne la synthèse, se jouant des frontières entre l'art savant et l'art populaire, entre l'art et la vie, et en intégrant les codes de la culture de masse. Souvent monumentales ou ludiques, beaucoup d'œuvres font rire, dérangent, choquent, impressionnent, bref, elles se révèlent dans leur immédiateté. Il n'est par exemple pas indispensable de connaître l'histoire de l'art et de saisir toutes les références implicites pour appréhender un Mickey Mouse de Jeff Koons, dont l'exposition au Centre Pompidou en 2015 a battu les

SI L'« ÉCLECTISME » ET L'« OUVERTURE D'ESPRIT » SONT LES NOUVELLES VALEURS DE L'ÉLITE, L'ART CONTEMPORAIN EN INCARNE LA SYNTHÈSE.

records de fréquentation du musée. Des fortunes récentes, qui n'ont pas forcément grandi dans des familles bourgeoises à fort capital culturel et qui n'ont pas fréquenté, enfants, les musées, peuvent, en très peu de temps, être crédibles dans le milieu.

Certes, cet art grand public ne permet pas aux dominants de se différencier de la petite bourgeoisie. Mais tant mieux si les foules se prennent en selfie devant une installation d'Anish Kapoor : les mécènes ne souhaitent-ils pas par définition « partager » et « transmettre » leur passion au peuple ? L'élite cherche donc moins qu'avant à se distinguer des autres par le truchement de la culture. La thèse de Bourdieu sur la distinction serait-elle dépassée ? « *Ses travaux traitent de données inscrites dans une période particulière, celle des Trente Glorieuses*, rappelle Philippe Coulangeon. *Dans ce contexte de réduction des inégalités économiques et de développement de la consommation de masse qui menaçaient de brouiller les frontières entre les groupes sociaux, les dominants ont cherché à renforcer les inégalités de dotation en capital culturel et à produire une disparité des styles de vie.* » Or, depuis les années 1980, la massification scolaire se poursuit mais les inégalités économiques et sociales, elles, se creusent drastiquement. « *Qu'importe aux collectionneurs milliardaires s'ils ne peuvent plus se prévaloir d'une sensibilité esthétique supérieure*, poursuit le sociologue. *Lorsque les écarts de revenus parlent d'eux-mêmes, les stratégies de distinction par la culture deviennent superflues.* »

1. Voir P. Bourdieu, *La Noblesse d'État*, Minuit, Paris, 1989.
2. C. Comet et J. Finez, « Le cœur de l'élite patronale », *Sociologies pratiques*, n° 21, 2010, p. 49-66.
3. H. Hamon, *Ceux d'en haut*, Le Seuil, Paris, 2013.
4. « Une journée avec Matthieu Pigasse », *Elle*, 6 avril 2012.
5. A.-C. Wagner, « Les classes dominantes à l'épreuve de la mondialisation », *Actes de la recherche en sciences sociales*, 2011/5, n° 190, p. 4-9.
6. Interview dans *Le Dauphiné libéré*, 29 juin 2014.
7. O. Jay, « Philippe Villin, l'éminence gay des grands patrons », *M magazine*, 1er février 2013.
8. Interview sur France 5, « Un soir avec… les grands collectionneurs », 18 février 2010.
9. *Financial Times*, 6 septembre 2014.
10. E. Lequeux, « Ricard, du pastis au mécénat culturel », *Le Monde*, 23 octobre 2010.

L'ÈRE DE LA
POSTDÉMOCRATIE ?
Démocratiser la démocratie
ou céder aux tentations
autoritaires

PAR YVES SINTOMER

Chacun le constate, les démocraties libérales sont entrées dans une période de crise généralisée – alors même que le nombre de régimes démocratiques n'a cessé de se multiplier depuis les années 1990, notamment à l'Est et au Sud. Colin Crouch avait élaboré le concept de « postdémocratie » pour décrire cet affaissement, et le sentiment d'impuissance et d'éloignement que les peuples ressentent à l'égard de leurs gouvernants. La montée en puissance des firmes transnationales, des organisations internationales et de la technocratie signe l'invasion des intérêts et des normes privés au cœur de la sphère publique et des appareils d'État. À partir de là, comment imaginer démocratiser la démocratie ? Ce défi est d'autant plus urgent en France que la tentation autoritaire y est sans doute la plus inquiétante : de la rhétorique sécuritaire et identitaire à l'état d'urgence, notre pays souffre d'une faible culture libérale et de la prégnance croissante d'une idéologie républicaine passible de réinterprétations autoritaires.

Si la démocratie a toujours impliqué une dynamique de remise en cause d'elle-même, force est de constater qu'elle traverse aujourd'hui une crise bien particulière. D'une part, à quelques exceptions près [1], elle n'est plus remise en question de façon frontale – notamment dans un pays comme la France. Qu'ils la veuillent plus radicale, moins populiste ou moins technocratique, qu'ils en donnent une interprétation minimaliste compatible avec l'esprit du temps néolibéral ou qu'ils la considèrent de façon nostalgique comme entrée dans une phase de décadence, c'est au nom d'une certaine conception de la démocratie que la plupart des auteurs spécialistes de la question argumentent. D'autre part, au regard du dernier quart du XXe siècle, qui vit des démocraties au moins formelles s'établir dans de très nombreux pays, le contraste est frappant. Un ouvrage majeur de Jürgen Habermas, *Droit et Démocratie* [2], conceptualisation philosophique la plus ambitieuse de cette époque, a alors posé les bases du courant de la « *démocratie délibérative* », le plus influent dans la théorie politique au niveau international [3]. Cependant, l'ouvrage s'inscrivait dans une perspective très européocentriste et proposait une idéalisation des régimes politiques du « *Nord global* » (l'Europe occidentale, les États-Unis et le Canada, le Japon, l'Australie et la Nouvelle-Zélande) dans les décennies d'après la Seconde Guerre mondiale. Du coup, il semble aujourd'hui en décalage avec le présent. Le constat est encore plus tranché du côté des « *essayistes* ». Après l'écroulement du « *socialisme réellement existant* », des apologètes comme Francis Fukuyama purent un moment proclamer la « *fin de l'histoire* » et le triomphe historique de la démocratie libérale [4]. Moins de trois décennies plus tard, ces prétentions apparaissent presque risibles.

LA FRANCE DÉCOUVRE TARDIVEMENT L'ŒUVRE DE CHANTAL MOUFFE, QUI APPELLE DE SES VŒUX LE RETOUR D'UNE DÉMOCRATIE « *RADICALE* » ET « *AGONISTIQUE* ».

La tonalité générale est désormais beaucoup plus contrastée. La plus sérieuse partisane du libéralisme en France, Dominique Schnapper, déplore le malaise dans la démocratie causé par le repli individualiste et l'oubli du bien commun [5]. La France découvre tardivement l'œuvre de Chantal Mouffe, qui appelle de ses vœux le retour d'une démocratie « *radicale* » et « *agonistique* » [6]. Le travail de philosophes critiques comme Jacques Rancière ou Étienne Balibar trouve un écho renouvelé. D'autres, comme Pierre Rosanvallon ou Dominique Rousseau, proposent une conception élargie de la démocratie [7].

LE TERME DE POSTDÉMOCRATIE RAPPELLE CELUI DE POSTMODERNITÉ, AVEC LEQUEL IL A D'AILLEURS QUELQUES AFFINITÉS.

L'avènement de la postdémocratie

Dans ce panorama, une notion originale a commencé plus récemment à faire son chemin, celle de « postdémocratie ». Elle a reçu ses lettres de noblesse avec un essai de l'universitaire anglais Colin Crouch, rédigé dans un style clair et alerte, qui est paru en italien en 2003 et en anglais l'année suivante [8]. L'ouvrage a connu une vingtaine de rééditions anglaises jusqu'en 2015, a été traduit dans de nombreuses langues et a eu un véritable écho international. Comme souvent, la France n'a pris conscience que tardivement et très partiellement de ce débat : le livre ne fut publié dans la langue de Rousseau que bien des années plus tard, et par une petite maison d'édition suisse [9]. Si ce texte est passé largement inaperçu dans l'Hexagone, ailleurs le terme de postdémocratie a fait mouche. Il rappelait celui de postmodernité, avec lequel il a d'ailleurs quelques affinités : Jean-François Lyotard n'avait-il pas déclaré quelque part que la postmodernité, c'est la modernité sans la révolution ? Cependant, la postdémocratie opère comme une notion critique, là où la postmodernité est souvent employée dans un sens apologétique.

C'est au début des années 2000, une décennie après la chute du mur de Berlin, que Colin Crouch avance que l'Europe et les États-Unis sont entrés dans l'ère de la post-démocratie. En apparence, écrit-il, le système institutionnel des démocraties occidentales n'a pas changé et repose toujours sur des élections libres, un espace public non censuré et un État de droit. Cependant, le processus de prise de décision se trouve désormais aux antipodes du type de démocratie qui s'était mis en place avant la Seconde Guerre mondiale aux États-Unis et après celle-ci dans d'autres pays. Cette « *démocratie maximale* » permettait aux citoyens, et plus particulièrement aux membres de la classe ouvrière, de peser réellement sur le pouvoir tout en bénéficiant de droits sociaux considérables. Le grand nombre pouvait ainsi dans une large mesure se gouverner lui-même, ou du moins peser substantiellement sur les gouvernants. Soutenu par cette dynamique et reposant sur l'idée de service public, l'État démocratique pouvait offrir un nombre accru de biens publics aux citoyens, exercer un contrôle réel sur le capitalisme et réduire les inégalités inévitablement engendrées par ce dernier.

SELON COLIN CROUCH, L'EUROPE ET LES ÉTATS-UNIS SONT ENTRÉS DANS L'ÈRE DE LA POSTDÉMOCRATIE.

Pour Colin Crouch, cet équilibre s'écroule avec la postdémocratie. La fin du XXe siècle est marquée par l'apparition d'un nouvel acteur, la firme globale, qui s'émancipe des États nationaux et rend inopérantes les anciennes régulations, rapidement démantelées. La firme globale apparaît dès lors comme l'institution centrale de la postdémocratie. Pour attirer les capitaux, les responsables politiques s'allient avec les grandes multinationales. Ils perdent progressivement les liens qui les unissaient aux classes populaires. Élites politiques, financières, économiques et médiatiques fusionnent en une nouvelle classe dominante, consciente de ses intérêts, dominant le monde de l'entreprise, les États et les institutions internationales. Dans un tel contexte, la politique se réduit à un spectacle manipulatoire auquel les masses assistent de façon passive. Le coût financier des campagnes de communication, en particulier en période électorale, pousse encore davantage les prétendants à l'élection dans les bras de ceux qui peuvent les financer. Les partis deviennent de simples machines électorales, où les militants comptent moins que les communicants. L'affaiblissement démographique du groupe des travailleurs manuels sape de son côté les anciennes solidarités qui permettaient à la classe ouvrière de peser sur la scène politique, sans que de nouveaux venus, et notamment les mouvements féministes et écologistes, ne soient en mesure de la remplacer. La frontière entre les intérêts privés et le service public se voit subvertie par une vague de privatisations et l'introduction de la logique marchande au

LA FIRME GLOBALE APPARAÎT DÈS LORS COMME L'INSTITUTION CENTRALE DE LA POSTDÉMOCRATIE.

cœur même de l'État. Les citoyens deviennent des consommateurs. Ils perdent le pouvoir que des décennies de lutte leur avaient permis d'acquérir, les couches populaires étant les plus touchées.

Provocatrice, la thèse avait le mérite de l'élégance. La charge critique de l'essai, assumée, n'empêchait pas une réflexion de fond et la cohérence des quelques points forts qui structuraient le propos. Colin Crouch prenait soin de préciser que ce qu'il modélisait sous le vocable de postdémocratie n'épuisait pas la complexité du réel, et que la séquence démocratie maximale/postdémocratie visait à saisir le sens principal de l'évolution. Plus d'une décennie après la première édition du livre, la notion a fait école, et son diagnostic est par exemple repris par Chantal Mouffe. Elle permet en effet de ramasser en une formule quelques traits politiques qui font système, et que l'on peut constituer en un véritable idéaltype. Tout, dans nos sociétés actuelles, ne ressortit pas à la postdémocratie, mais les tendances dominantes relèvent de cet idéaltype. Manier celui-ci nous permet de mesurer jusqu'à quel point nous nous rapprochons de ce modèle, et quelles sont à l'inverse les dynamiques qui pourraient nous en éloigner.

L'entrée dans la postdémocratie semble confirmée par une série de travaux convergents. Le livre de Thomas Piketty *Le Capital au XXIe siècle* confirme sur la base d'une analyse statistique fouillée l'explosion des inégalités qui débute dans les années 1970, au moment où l'entreprise politique de dérégulation affranchit le capitalisme financier des contraintes

TOUT, DANS NOS SOCIÉTÉS ACTUELLES, NE RESSORTIT PAS À LA POSTDÉMOCRATIE, MAIS LES TENDANCES DOMINANTES RELÈVENT DE CET IDÉALTYPE.

qui pesaient auparavant sur lui[10]. Il crédibilise ainsi l'idée d'une prise de pouvoir par une nouvelle classe dirigeante contrôlant les grandes firmes internationales, les organisations internationales et les principaux systèmes politiques. Une véritable « *révolution conservatrice* », pour reprendre les termes d'Antonio Gramsci. Une approche que rejoint en partie celle de Wolfgang Streeck, qui fut l'un des principaux conseillers de Gerhard Schröder et de la « *troisième voie* » qu'il proposa avec Tony Blair. Sans avoir effectué publiquement son autocritique, il s'en prend désormais férocement à l'adaptation de la social-démocratie européenne au capitalisme financier. Streeck formule l'idée intéressante que les acteurs politiques sont désormais responsables devant deux types d'acteurs, devant deux *constituencies*, pour reprendre un terme anglais intraduisible : leur circonscription électorale et le groupe de pression que constituent les grandes firmes capitalistes – et Streeck d'ajouter que cette seconde *constituency* pèse davantage que la première[11]. Le poids croissant des agences de notation, des Banques centrales et des marchés a été largement confirmé depuis l'éclatement de la crise des subprimes en 2008. L'étranglement de la Grèce après l'élection du gouvernement Syriza en 2015 peut être considéré comme l'une des manifestations les plus éclatantes de la postdémocratie : les citoyens grecs pouvaient bien élire qui ils voulaient, les véritables décisions étaient prises ailleurs – au point que le ministre allemand des Finances, Wolfgang Schäuble, a pu s'écrier lors d'une réunion de l'Eurogroupe : « *Les élections ne peuvent pas changer quoi que ce soit*[12]. »

L'ÉTRANGLEMENT DE LA GRÈCE APRÈS L'ÉLECTION DU GOUVERNEMENT SYRIZA EN 2015 PEUT ÊTRE CONSIDÉRÉ COMME L'UNE DES MANIFESTATIONS LES PLUS ÉCLATANTES DE LA POSTDÉMOCRATIE.

D'autres constats vont dans le même sens. L'emprise croissante de la nouvelle rationalité néolibérale sur la société et l'État a été analysée par Pierre Dardot et Christian Laval : la concurrence tend à devenir le principe universel des conduites humaines et érode ce que signifiait classiquement la démocratie [13]. La symbiose entre l'État et les grandes firmes transnationales ne passe pas simplement par les élus politiques ; elle s'observe aussi de façon privilégiée dans le fonctionnement de la haute administration, celle de l'Union européenne étant de ce point de vue un cas d'école [14]. L'histoire montre que les produits des technosciences conditionnent sans cesse davantage nos existences. Depuis les produits chimiques jusqu'aux biotechnologies et à l'agro-industrie en passant par les nouvelles technologies et les productions industrielles plus classiques, nous avons pris l'habitude de vivre un quotidien structuré par ces artefacts[15]. Or les processus qui mènent à leur élaboration échappent pour l'essentiel à tout contrôle démocratique, dans le cadre de négociations entre actionnaires, managers, ingénieurs et technocrates, et en s'appuyant sur des publicitaires et des sondeurs. En aval, les autorisations de mise sur le marché sont effectuées le plus souvent par des agences technocratiques intimement liées aux intérêts des industriels, et les occasions où des actions citoyennes contestent ces décisions ou sont capables de les influencer sont peu nombreuses. Le développement des technosciences a été un élément clé de l'évolution globale de l'économie, et Dominique Pestre a montré qu'il s'est, de façon croissante, appuyé sur les marchés à partir des dernières décennies du XXe siècle[16].

LE DÉVELOPPEMENT DES TECHNOSCIENCES A ÉTÉ UN ÉLÉMENT CLÉ DE L'ÉVOLUTION GLOBALE DE L'ÉCONOMIE.

Plus globalement, la production des normes s'effectue désormais bien au-delà de ce que la doctrine constitutionnaliste moderne conceptualisait avec les notions de souveraineté et de démocratie. La gouvernance globale multiplie les hybridations entre acteurs privés et publics. Les normes auxquelles sont soumis les comportements – et en particulier les comportements économiques – échappent de façon croissante à la tutelle des États-nations. L'ordre juridique retrouve une dimension pluraliste qui semblait avoir disparu avec l'Ancien Régime.

LES NORMES AUXQUELLES SONT SOUMIS LES COMPORTEMENTS ÉCHAPPENT DE FAÇON CROISSANTE À LA TUTELLE DES ÉTATS-NATIONS.

Le modèle de hiérarchie des normes où la Constitution trône au sommet, où les lois occupent l'étage d'en dessous et où les juges sont la « *bouche de la loi* », pour reprendre la formule célèbre de Montesquieu [17], relève définitivement du passé. Karim Benyekhlef, l'un des analystes les plus percutants de cette évolution, a avancé de façon très convaincante l'idée que l'on assiste ainsi à l'avènement de la « *norme postmoderne* [18] ». Quant à l'influence directe des firmes sur le jeu démocratique, en forçant un peu le trait, on pourrait dire que la corruption politique a été en quelque sorte légalisée et la postdémocratie consacrée constitutionnellement dans un pays comme les États-Unis lorsque la Cour suprême, en 2010, a autorisé par cinq voix contre quatre le financement illimité des campagnes politiques par les entreprises [19]. Malgré une législation différente, l'Europe n'est sur le fond guère mieux lotie, du fait de la puissance des lobbies de tous ordres.

La postdémocratie, un troisième âge du gouvernement représentatif ?

La thèse de la postdémocratie peut sembler constituer une variante particulière d'un discours largement partagé par nombre de journalistes, d'acteurs politiques ou de chercheurs, qui parlent abondamment de l'avènement d'une « *démocratie d'opinion* » ou d'une « *démocratie médiatique* ». Il ne faut cependant pas négliger son originalité. Elle jette en effet une lumière particulière sur l'évolution des démocraties libérales. Sur le plan politique, celles-ci sont fondées sur le gouvernement représentatif. Certes, les formes de celui-ci ont considérablement évolué depuis les temps du suffrage censitaire ou du suffrage universel masculin et, aujourd'hui encore, elles varient considérablement d'un pays à l'autre. Il est cependant possible d'en proposer un modèle idéaltypique. Pour qu'il y ait gouvernement représentatif, sept conditions doivent être remplies [20] : 1) La société civile doit être protégée par l'État de droit et la séparation des pouvoirs, et les individus peuvent y exercer leurs droits. 2) La propriété et la liberté de commerce sont garanties. 3) Un espace public est reconnu institutionnellement ; dans les limites de l'ordre public, il permet que s'exerce la liberté d'opinion, de presse, d'association et de manifestation, y compris pour critiquer les gouvernants. 4) Les délibérations de ces derniers sont soumises à une exigence de publicité ; le budget de l'État, notamment, ne relève pas du secret, et les sessions parlementaires sont ouvertes au public. 5) Les gouvernants sont sélectionnés à travers des élections régulières et libres ; les électeurs sont censés choisir les candidats qu'ils considèrent comme les meilleurs, c'est-à-dire les plus capables de les défendre (le système permet ainsi la représentation de divers intérêts présents dans la société) et/ou de prendre en compte l'intérêt commun. 6) Réunis, les élus, grâce à leurs délibérations, sont réputés pouvoir faire la synthèse des multiples demandes et intérêts qui s'expriment dans la société ; ils sont de ce fait censés incarner la nation, ils sont les seuls qui peuvent définir l'intérêt général et le bien commun et ont en conséquence le monopole de la décision. 7) C'est pourquoi ils bénéficient de ce que les Allemands appellent un mandat « *libre* » : ils ne sont pas liés par leurs promesses électorales, par un mandat impératif ou par les souhaits de la majorité de leurs électeurs ; le rendu des comptes n'intervient le cas échéant qu'à l'issue du mandat, lorsque se pose la question d'une éventuelle réélection.

LA THÈSE DE LA POSTDÉMOCRATIE JETTE EN EFFET UNE LUMIÈRE PARTICULIÈRE SUR L'ÉVOLUTION DES DÉMOCRATIES LIBÉRALES.

Au début du xxe siècle, Max Weber, dans une série d'écrits, avait diagnostiqué le passage d'un premier type de gouvernement représentatif, fondé sur le suffrage censitaire, le pouvoir des notables et le parlementarisme classique, à un second type, fondé sur le suffrage universel masculin, animé par des responsables politiques professionnalisés s'affrontant dans un champ politique autonome et organisé autour des partis[21]. Ceux-ci étaient bifrons : ils permettaient l'inclusion des masses dans un système représentatif dont elles étaient auparavant exclues, l'organisation de la société et la communication entre la multitude et les élites, mais ils donnaient en même temps le pouvoir effectif à un nouveau type de représentants sélectionnés en leur sein. Le passage d'un modèle à l'autre était la double conséquence de la pression du mouvement ouvrier, dans un cadre où l'industrialisation donnait à celui-ci une base matérielle de plus en plus conséquente pour s'organiser, et de la compétition croissante des élites pour un pouvoir qui ne pouvait plus se gagner sans s'appuyer sur des organisations de masse. Le gouvernement représentatif libéral fut équilibré par la mise en place des États sociaux et rendu compatible avec la démocratie. Les masses acquirent un pouvoir ambigu, mais réel.

Un siècle plus tard, de nombreux observateurs pensent qu'une troisième phase s'est ouverte avec la crise de la forme-parti. Devant son déclin marqué, et plus généralement celui des organisations intermédiaires et des identités collectives, nous assisterions à la montée d'un troisième type de gouvernement représentatif, appelé par Bernard Manin « *démocratie du public*[22] », marqué par une importance accrue de la scène médiatique et favorable à la montée du « *populisme* ». Les analyses de Dominique Schnapper vont largement dans ce sens.

PLUS QU'À UNE TROISIÈME PHASE DU GOUVERNEMENT REPRÉSENTATIF, ON ASSISTE À UNE RELATIVISATION DE CE DERNIER.

La thèse de la postdémocratie radicalise cette analyse : elle laisse complètement de côté la notion douteuse de « *populisme*[23] » et montre que, plus qu'à une troisième phase du gouvernement représentatif, on assiste à une relativisation de ce dernier. La séparation des pouvoirs perd de sa pertinence à l'heure de la gouvernance globale, lorsque des pouvoirs sans cesse plus puissants échappent à la trilogie constitutionnelle de Montesquieu, tandis que la propriété et le commerce sont de plus en plus garantis par des instances non étatiques. La *lex mercatoria* a par exemple recours de façon privilégiée à des tribunaux d'arbitrage devant lesquels les États et les entreprises ont le même statut juridique. La publicité des débats parlementaires cache les décisions prises dans le secret d'organisations et d'institutions non élues. Les élections, formellement, demeurent régulières et libres, mais elles se traduisent de moins en moins par des choix véritables. Le vrai pouvoir ne se joue plus dans la relation des électeurs et des élus, il est dans les mains des agences de notation, des directions de grandes firmes multinationales et des organisations internationales, dans les cabinets des technocrates, et dans les relations que ces acteurs entretiennent avec les élus – d'ailleurs, les personnes sont souvent les mêmes et passent successivement d'une instance à une autre, la confusion étant particulièrement prononcée en France. De surcroît, la concentration croissante des médias et la prédominance d'une logique de consommation au détriment de la logique d'éducation populaire qui pouvait auparavant guider officiellement des chaînes de télévision de qualité (comme la BBC anglaise) pervertissent le sens même d'un choix libre des électeurs.

Il n'est dès lors pas très étonnant que ceux-ci n'aient plus la sensation d'élire les meilleurs : tous les sondages montrent que l'immense majorité des citoyens pensent que les responsables politiques ne se soucient pas des gens comme eux. Les élections consistent alors à choisir les « meilleurs », ou plus exactement

PLUS QU'UN TROISIÈME ÂGE DU GOUVERNEMENT REPRÉSENTATIF, LA POSTDÉMOCRATIE REPRÉSENTE UNE MARGINALISATION TENDANCIELLE DE CE DERNIER.

les moins pires, à l'intérieur d'une classe politique dont peu nombreux sont ceux qui croient encore qu'elle est supérieure au reste des citoyens par son éducation, ses qualités morales, son dévouement au bien public ou son ampleur de vue. Pour couronner le tout, les débats parlementaires et plus encore télévisuels ressemblant plus à une mauvaise mise en scène qu'à de véritables échanges d'arguments, l'idée que les élus incarnent l'intérêt général grâce à la qualité de leurs délibérations n'est plus guère partagée que par les élus eux-mêmes – et encore, en public, car ils sont souvent plus lucides lorsqu'ils sont interrogés en privé. Plus qu'un troisième âge du gouvernement représentatif, la postdémocratie représente une marginalisation tendancielle de ce dernier. Ce n'est pas seulement la version sociale-démocrate, républicaine ou démocrate-chrétienne de la démocratie qui est condamnée : même sa version libérale, telle qu'elle avait été élaborée au XIXe siècle par François Guizot, Alexis de Tocqueville ou John Stuart Mill, semble désormais obsolète. Les élections et, plus largement, l'ordre politico-institutionnel ne sont plus guère qu'une façade. La difficulté des gouvernements représentatifs à contrebalancer les forces du marché globalisé et leur incapacité à passer à une échelle postnationale ne font qu'accentuer cette évolution.

Les scénarios du futur : postdémocratie, autoritarisme ou révolution démocratique ?

Cependant, si la postdémocratie est la tendance la plus forte dans les régimes politiques occidentaux, elle n'est pas la seule. D'autres sont à l'œuvre, ce qui implique que différents scénarios sont possibles [24]. L'un des mérites de la postdémocratie est de montrer que le *statu quo*, entendu comme la continuation de la démocratie libérale moyennant quelques aménagements secondaires, est irréaliste. Les démocraties libérales sont entrées dans une période de crise généralisée. Celle-ci peut être plus ou moins accentuée selon les pays, elle n'en est pas moins structurelle. D'une certaine manière, la centralité du gouvernement représentatif classique relève du passé, même si la majorité des acteurs et des observateurs n'en ont pas encore pris conscience.

LE *STATU QUO*, ENTENDU COMME LA CONTINUATION DE LA DÉMOCRATIE LIBÉRALE MOYENNANT QUELQUES AMÉNAGEMENTS SECONDAIRES, EST IRRÉALISTE.

De même, devant l'ampleur des mutations intervenues, un retour en arrière au temps des Trente Glorieuses, des partis de masse et de la souveraineté nationale n'est guère crédible. « *L'histoire ne repasse pas les plats* », écrivait Céline [25] ; lorsqu'elle se répète, la seconde fois n'est qu'une farce, écrivait plus subtilement Karl Marx [26]. Cette leçon concerne aussi celles et ceux qui, d'Alain Badiou à Slavoj Žižek en passant par l'extrême gauche classique, rêvent d'un retour de la Révolution sur le modèle de la prise de la Bastille ou du Palais d'Hiver [27].

L'idée d'une domination ouverte de la technocratie n'est guère plus réaliste : la notion de postdémocratie replace à juste titre le poids croissant de la technocratie dans un contexte plus large, où cette dernière est étroitement liée à des acteurs financiers, économiques, politiques et médiatiques. La force de la technocratie est d'autant plus forte qu'elle pèse en coulisses : lorsqu'elle occupe le devant de la scène, son règne est vite menacé par des contestations de tous ordres, tant la plupart des défis du siècle exigent des choix proprement politiques qui ne peuvent se dissimuler très longtemps sous le masque d'un savoir neutre.

Enfin, les thèses selon lesquelles la représentation politique ne compterait plus et que seule importerait la créativité des périphéries ou la démocratie directe sont par trop unilatérales [28]. Curieusement, elles sont partiellement partagées par une partie de la gauche radicale, de l'écologie profonde et de l'extrême droite antiétatiste – ce courant que l'on appelle libertarien aux États-Unis dont l'influence est forte au sein du *Tea Party*. Bien sûr, la force des périphéries est considérable. Prenons l'exemple paradigmatique d'Internet. Son développement prend son origine dans la contre-culture américaine. Ses concepteurs, tout comme plus tard ceux des réseaux sociaux, mirent consciemment le poids de l'intelligence à la périphérie plutôt qu'au centre [29]. Ces outils ont profondément révolutionné la société, et ont contribué

LES THÈSES SELON LESQUELLES LA REPRÉSENTATION POLITIQUE NE COMPTERAIT PLUS ET QUE SEULE IMPORTERAIT LA CRÉATIVITÉ DES PÉRIPHÉRIES OU LA DÉMOCRATIE DIRECTE SONT PAR TROP UNILATÉRALES.

à ce qu'elle se développe de façon croissante en réseau. Cependant, Internet doit une partie de son essor à l'intérêt que l'armée étatsunienne lui a porté. Google, Facebook, Amazon ou Alibaba sont des *global players*, des acteurs mondiaux d'un poids écrasant, qui nécessitent pour être contrebalancés de fortes régulations centrales. Une société en réseau ne signifie pas que tous les éléments de celui-ci sont équivalents. Certains nœuds sont infiniment plus importants que d'autres. L'une des forces de la notion de postdémocratie est précisément de souligner combien certains acteurs cruciaux du réseau de réseaux que constitue la gouvernance globale se soustraient pour l'essentiel à tout contrôle démocratique.

Cependant, si l'on met de côté le scénario de l'effondrement et de la multiplication d'États faillis – une perspective probable dans certaines parties du monde mais qui n'est sans doute guère d'actualité dans l'Union européenne –, deux autres tendances pourraient donner lieu à des scénarios réalistes. Ces tendances vont dans des directions assez différentes de celle indiquée par la postdémocratie. La première est celle de l'autoritarisme. Ce scénario implique que même la façade des institutions représentatives soit profondément transformée. Pour mieux en comprendre la dynamique, on pourrait évoquer le grand historien Tacite. Décrivant les débuts de l'Empire romain, il mettait en scène un régime qui s'appelait encore officiellement une République, avec un Sénat et un peuple qui se réunissaient régulièrement, mais où les changements institutionnels contribuaient ouvertement à ce que tout se décide dans les couloirs du palais et les garnisons plutôt que dans les institutions républicaines [30]. Des restrictions institutionnelles à la liberté de la presse et aux libres critiques dans l'espace public, au contrôle indépendant de la justice, à la compétition politique et à la structuration associative et syndicale pourraient aujourd'hui contribuer à une évolution en ce sens. Les désenchantements politiques, l'explosion des inégalités socio-économiques et le renforcement des asymétries géopolitiques qui sont la conséquence de la postdémocratie nourrissent les facteurs qui favorisent le scénario autoritaire. Il va beaucoup plus loin que celui de la postdémocratie en termes de recul démocratique et a des chances non négligeables de se réaliser dans de nombreux pays. Ce scénario est celui dans lequel sont engagées à des degrés divers la Russie, la Hongrie ou la Pologne, et certaines forces politiques d'extrême droite en rêvent ailleurs sur le « Vieux Continent ».

En Europe de l'Ouest, la France est sans doute le pays où la tendance autoritaire est la plus inquiétante. Depuis quelques années, la rhétorique sécuritaire y a pris une place prégnante. La mise en place d'un État d'urgence prolongé suite aux attentats commandés par Daech normalise une restriction des libertés

EN EUROPE DE L'OUEST, LA FRANCE EST SANS DOUTE LE PAYS OÙ LA TENDANCE AUTORITAIRE EST LA PLUS INQUIÉTANTE.

publiques au nom de la guerre contre l'ennemi intérieur et extérieur. Le libéralisme politique n'y représente pas une ressource discursive aussi forte que dans des pays voisins ; le républicanisme à la française, traditionnellement paternaliste, est aujourd'hui l'idéologie dominante, et il est passible de bien des réinterprétations autoritaires. Enfin, le jeu politicien autour de la crise identitaire que connaît cette ancienne puissance coloniale tend à faire de la population musulmane vivant sur le territoire, et qui possède très majoritairement la nationalité française, un bouc émissaire idéal pour détourner l'attention de défis plus stratégiques et pour cristalliser le « *malaise dans la civilisation* » qui frappe le pays. La laïcité devient le masque d'un communautarisme d'État. Dans un contexte où le scénario de l'effondrement est une réalité présente dans l'environnement géopolitique immédiat, provoquant des crises migratoires d'ampleur, cette situation est potentiellement délétère.

Enfin, le scénario d'une démocratisation de la démocratie ne peut être exclu d'un revers de main. Pour en comprendre la crédibilité, il nous faut d'abord revenir sur un point important qui fait problème dans la thèse de la post-démocratie. Telle qu'elle est formulée par Colin Crouch, mais aussi de façon plus diffuse par bien des acteurs et des observateurs, cette thèse repose sur une vision nostalgique qui prête le flanc à la critique. À bien y réfléchir, n'est-il pas intenable de faire des années précédant et suivant la Seconde Guerre mondiale le point culminant de l'expérience démocratique occidentale ? Cette vision, propre à la gauche classique, qu'elle soit social-démocrate ou communiste, est fort unilatérale. Car pour qui valait vraiment cette démocratie ? Quelles étaient ses frontières [31] ? Durant cette période, aux États-Unis, les Noirs ne jouissaient pas encore pleinement de leurs droits civiques et les peuples autochtones étaient dans une situation de subordination extrême. Des deux côtés de l'Atlantique, les femmes étaient absentes de la politique : si elles avaient acquis le droit de vote, la prégnance encore peu questionnée de la domination masculine faisait qu'elles n'étaient pas considérées comme suffisamment compétentes ou autonomes pour devenir élues, ministres, hauts fonctionnaires ou dirigeantes d'entreprise. La situation était particulièrement accentuée en France, où la langue symbolisait crûment cette situation : l'expression « femme publique », à cette époque, ne pouvait désigner qu'une travailleuse du sexe…

N'EST-IL PAS INTENABLE DE FAIRE DES ANNÉES PRÉCÉDANT ET SUIVANT LA SECONDE GUERRE MONDIALE LE POINT CULMINANT DE L'EXPÉRIENCE DÉMOCRATIQUE OCCIDENTALE ?

D'autres dimensions fort peu démocratiques interdisent que l'on considère ce passé comme une sorte d'âge d'or. Si les principaux médias sont aujourd'hui la propriété de quelques milliardaires, il faut se rappeler que, pendant longtemps, la radio puis la télévision étaient des monopoles d'État, le plus souvent étroitement contrôlés par le pouvoir en place. Le slogan de Mai 68 « *Ouvrez les yeux, fermez la télé* » était de ce point de vue assez justifié. La période que Colin Crouch appelle « *démocratie maximale* » est aussi celle où le mode de développement économique adopté au moment de la révolution industrielle en Occident s'emballa, donnant lieu à une augmentation exponentielle de l'émission de gaz à effet de serre et à une dynamique de dégradation sans cesse plus rapide de l'écosphère. On ne parlait guère alors du droit à un environnement non dégradé, ni de la nécessité de trouver des formes de représentation garantissant les conditions de vie des générations futures. La démocratie était confinée aux générations présentes, se fondant ainsi sur une conception bien étroite du peuple.

Par ailleurs, les partis politiques de masse étaient alors des structures où les hiérarchies étaient extrêmement fortes et ceux qui tenaient l'appareil disposaient de l'essentiel du pouvoir. Sans vouloir allonger indéfiniment cette liste, il faut enfin souligner que, malgré l'accent placé sur les conséquences de la mondialisation, la notion de postdémocratie est pour une part « *provinciale* [32] ». La « *démocratie maximale* », si elle pouvait alors se couler dans le cadre encore solide des États-nations, avait aussi un revers : elle était pour l'essentiel réservée aux pays du Nord. En Amérique latine, les peuples indigènes étaient en butte à une véritable colonisation intérieure tandis que, dans l'Inde accédant à l'indépendance, les Dalits et les basses castes étaient largement marginalisés dans le jeu politique officiel. Ailleurs, dans les pays encore directement colonisés, la démocratie occidentale avait une signification plus qu'ambivalente. L'expansion socio-économique des pays du Nord, fondée sur l'utilisation intensive des énergies carbonées, poussait au maintien ou à l'instauration de dictatures pro-occidentales dans les pays pétroliers, en particulier au Proche-Orient [33]. Si elles ne s'y réduisent pas, les crises actuelles qui ravagent cette région du monde ne sauraient se comprendre sans cet arrière-plan.

LES ÉVOLUTIONS DES DERNIÈRES DÉCENNIES NE PEUVENT DONC ÊTRE PLACÉES AUSSI FACILEMENT SOUS LE SIGNE DU DÉCLIN ET DE LA RÉGRESSION DÉMOCRATIQUE.

Les évolutions des dernières décennies ne peuvent donc être placées aussi facilement sous le signe du déclin et de la régression démocratique. L'arrivée au pouvoir de dirigeants noirs ou musulmans dans certains pays du Nord global, même si elle reste ponctuelle, est un signe que les choses peuvent commencer à bouger : on ne comprendrait pas sinon l'écho mondial qu'eut l'élection de Barack Obama à la présidence des États-Unis. La révolution féministe encore en cours, que Colin Crouch ou les auteurs qui écrivent dans la perspective postdémocratique ne mentionnent généralement qu'en passant, constitue – on l'oublie souvent – l'une des transformations les plus considérables que l'humanité ait connues sur le plan de la démocratie.

Internet et les réseaux sociaux, quelles que soient leurs limites, représentent une véritable révolution de l'information. Ils signifient une ouverture considérable pour l'immense majorité des individus, et constituent un outil qui s'avère en affinité élective avec les mouvements sociaux qui se mobilisent de façon plus horizontale, sans un appareil hiérarchique où les chefs pourraient donner des ordres. On ne trouverait plus guère de monde aujourd'hui pour accepter la discipline de parti telle qu'elle pouvait exister il y a quelques décennies, et même le Front national est obligé de reconnaître en son sein une certaine diversité de courants. La question de la représentation des générations futures commence à être clairement posée, annonçant peut-être une révolution démocratique à venir, tandis que des droits à un environnement préservé ont été constitutionnalisés dans plusieurs pays [34].

Le rééquilibrage des rapports de force internationaux au profit des pays du Sud représente un progrès démocratique considérable dans une perspective historique mondiale, d'autant que plusieurs pays d'Asie ou d'Amérique latine ont connu dans les dernières décennies une affirmation plébéienne qui a bousculé le système politique officiel. La multiplication de mécanismes de démocratie participative, souvent inventés dans le Sud, est également un phénomène important, et le retour du tirage au sort en politique après deux siècles d'éclipse en Occident, dans des expériences locales ou nationales, comme en Colombie Britannique, en Islande ou en Irlande, est aussi un signe, modeste mais significatif, que l'innovation démocratique ne s'est pas épuisée. De même, les procédures typiques de la démocratie directe, du référendum d'initiative populaire aux assemblées de place, connaissent une diffusion croissante. Elles tendent à contrebalancer le gouvernement représentatif libéral. L'écho qu'ont pu rencontrer les mouvements de type Occupy ou Indignés en sont un signe – tout comme leur variante française, Nuit debout, quoique de façon moins massive. Ces formes entrent en écho avec un retour de l'idée des communs – ces biens qui peuvent être l'objet d'un usage individuel mais qui ne sauraient être appropriés de façon privative pour des raisons éthiques ou sociales, l'air et l'eau n'en étant que les exemples les plus criants [35]. Enfin, l'action des ONG écologistes et de la « *société civile internationale* » a montré à plusieurs reprises qu'il était possible de peser sur la gouvernance globale, de faire bouger les lignes, d'infléchir les logiques néolibérales, de restaurer des dynamiques de contrôle démocratique sur une échelle transnationale.

MÊME S'IL EST LOIN D'ÊTRE SÛR QU'ELLE ABOUTISSE, UNE RÉVOLUTION DÉMOCRATIQUE EST D'ORES ET DÉJÀ EN COURS.

Ces éléments font partie du troisième scénario possible, celui d'une démocratisation de la démocratie, voire d'une nouvelle révolution démocratique. S'il n'est pas le plus probable, il ne peut être pour autant exclu. Ce scénario s'oppose à celui de la postdémocratie mais partage avec lui une chose : il implique une société en réseau où la séparation des pouvoirs, le gouvernement représentatif et la souveraineté, qui constituaient les piliers des conceptions libérales et républicaines classiques, se voient fortement relativisés. De ce point de vue, les propositions de Pierre Rosanvallon ou Dominique Rousseau, certes stimulantes, ne vont pas assez loin. Démocratiser, aujourd'hui, signifie réduire le pouvoir que les acteurs dominants de la postdémocratie ont acquis dans ces réseaux, non revenir à la démocratie et à l'« *État national-social* [36] » des Trente Glorieuses. De même, l'idée, défendue par des auteurs comme Chantal Mouffe, que l'émergence de partis « populistes de gauche » structurés sur un mode très hiérarchique autour d'un leader charismatique suffirait à dépasser la postdémocratie, est assez naïve. Dans ses variantes réformistes comme dans ses variantes révolutionnaires, la social-démocratie de la fin du XIXe siècle couplait une dimension politique et une dimension socio-économique. À l'évidence, au XXIe siècle, le scénario de la démocratisation de la démocratie implique une remise en cause du capitalisme financier mondialisé. Il est lui aussi porté par des courants très divers, mais la distinction entre réformistes et révolutionnaires doit être relativisée. En effet, même s'il est loin d'être sûr qu'elle aboutisse, une révolution démocratique est d'ores et déjà en cours. Pour paraphraser une expression célèbre de Marx, elle constitue un mouvement réel qui bouleverse l'état de choses existant. Elle ne reproduit pas les schémas de la Révolution française ou de la Révolution russe et suit plutôt le paradigme de la révolution féministe. Elle mobilise des réseaux d'acteurs très divers, dans les familles et les organisations, dans la société et les institutions, du local au global en passant par le national, sans qu'un point de basculement unique puisse être isolé. Des moments agonistiques et des moments de consensus. L'épreuve de la prise du pouvoir d'État pouvait être décisive pour le gouvernement représentatif classique, elle n'est plus qu'un élément parmi d'autres dans la lutte contre la postdémocratie.

1. *Cf.* notamment la majeure partie des contributions à G. Agamben *et alii*, *Démocratie, dans quel état ?*, La Fabrique, Paris, 2009.
2. J. Habermas, *Droit et Démocratie*, Gallimard, Paris, 1997.
3. C. Girard, A. Le Goff (dir.), *La Démocratie délibérative. Anthologie de textes fondamentaux*, Hermann, Paris, 2010.
4. F. Fukuyama, *The End of History and the Last Man*, Penguin, Londres, 1992.
5. D. Schnapper, *L'Esprit démocratique des lois*, Gallimard, Paris, 2014.
6. E. Laclau, C. Mouffe, *Hégémonie et stratégie socialiste. Vers une politique démocratique radicale*, Les Solitaires Intempestifs, Besançon, 2009 ; C. Mouffe, *L'Illusion du consensus*, Albin Michel, Paris, 2016 ; C. Mouffe, *Le Paradoxe démocratique*, ENSBA, Paris, 2016.
7. P. Rosanvallon, *La Contre-Démocratie. La Politique à l'âge de la méfiance*, Le Seuil, Paris, 2006 ; *La Légitimité démocratique. Impartialité, réflexivité, proximité*, Le Seuil, Paris, 2008 ; D. Rousseau, *Radicaliser la démocratie. Propositions pour une refondation*, Le Seuil, Paris, 2015.
8. C. Crouch, *Post-Democracy*, Polity Press, Cambridge/Malden (MA), 2004.
9. C. Crouch, *Postdémocratie*, Diaphane, Bienne/Zürich, 2013 (traduit de l'anglais par Yves Coleman).
10. T. Piketty, *Le Capitalisme au XXIe siècle*, Le Seuil, Paris, 2013.
11. W. Streeck, *Du temps acheté*, Gallimard, Paris, 2014.
12. « Yanis Varoufakis à Frangy », *Mediapart*, 25/08/2015, https://blogs.mediapart.fr/monica-m/blog/250815/yanis-varoufakis-frangy, dernière visite le 16/04/2016.
13. P. Dardot et C. Laval, *La Nouvelle Raison du monde. Essai sur la société néolibérale*, La Découverte, Paris, 2010.
14. S. Laurens, *Les Courtiers du capitalisme. Milieux d'affaires et bureaucrates à Bruxelles*, Agone, Marseille, 2015.
15. D. Pestre (dir.), *Gouverner le progrès et ses dégâts depuis 1945*, La Découverte, Paris, 2014.
16. D. Pestre, *À contre-science. Politiques et savoirs des sociétés contemporaines*, Le Seuil, Paris, 2013.
17. Montesquieu, *De l'esprit des lois*, 1777, Livre XI, chapitre 6.
18. K. Benyekhlef, *Une possible histoire de la norme. Les normativités émergentes de la mondialisation*, Thémis, Montréal, 2015 (deuxième édition).
19. Citizens United vs. Federal Election Commission, 558 U.S. 310 (2010).
20. Je dois cette définition à des discussions avec S. Hayat, à partir de son ouvrage *1848. Quand la République était révolutionnaire. Citoyenneté et représentation*, Le Seuil, Paris, 2014, et de celui de B. Manin, *Principes du gouvernement représentatif*, Flammarion, Paris, 1995.
21. *Cf.* notamment M. Weber, *Le Savant et le Politique*, La Découverte, Paris, 2003.
22. B. Manin, *Principes du gouvernement représentatif*, *op. cit.*
23. Pour une critique de la notion de populisme, utilisée généralement pour stigmatiser l'irrationalité du peuple, *cf.* J. Rancière, « L'introuvable populisme », *in* A. Badiou *et alii*, *Qu'est-ce qu'un peuple ?*, La Fabrique, Paris, 2013, p. 137-143. Pour sa reprise plus raisonnée, *cf.* E. Laclau, *La Raison populiste*, Le Seuil, Paris, 2008.
24. Y. Sintomer, « Les futurs de la démocratie au XXIe siècle », *Raison publique*, 20, 2017.
25. L.-F. Céline, « Voyage au bout de la haine », entretien avec Madeleine Chapsal, *L'Express*, 14/06/1957.
26. K. Marx, *Le 18 Brumaire de Louis Bonaparte*, traduction par Léon Rémy et Jules Molitor, La Table Ronde, Paris, 2001 [1853], p. 172.
27. G. Agamben *et alii*, *Démocratie, dans quel état ?*, *op. cit.*
28. T. Negri, M. Hardt, *Empire*, 10/18, Paris, 2004 ; D. Graeber, *Comme si nous étions déjà libres*, Lux, Montréal, 2014.
29. D. Cardon, *La Démocratie Internet. Promesses et limites*, Le Seuil, Paris, 2010.
30. Tacite, *Histoires*, Gallimard, Paris, 1980.
31. É. Balibar, *Les Frontières de la démocratie*, La Découverte, Paris, 2013.
32. D. Chakrabarty, *Provincialiser l'Europe. La pensée postcoloniale et la différence historique*, Amsterdam, Paris, 2009.
33. T. Mitchell, *Petrocratia, La Démocratie à l'âge du carbone*, Ere, Paris, 2011.
34. B. Latour, *Politiques de la nature*, La Découverte, Paris, 1999 ; D. Bourg *et alii*, *Pour une VIe République écologique*, Odile Jacob, Paris, 2011.
35. P. Dardot et C. Laval, *Commun. Essai sur la révolution au XXIe siècle*, La Découverte, Paris, 2014.
36. J'emprunte cette expression à É. Balibar, *Nous, citoyens d'Europe ? Les frontières, l'État, le peuple*, La Découverte, Paris, 2001.

LES SECRETS INAVOUÉS DU JOURNALISME CULTUREL

Quand la presse, la culture et la communication font ménage à trois

PAR **DAN ISRAEL**

Tout « bon » journaliste est censé maintenir avec le domaine qu'il couvre une distance critique suffisante, ni trop près ni trop loin. Mais cette règle est souvent bafouée, au prétexte qu'il faut être au plus proche de ses sources pour obtenir une information fiable. Et lorsque frappent les difficultés financières et les coupes budgétaires, les entorses se multiplient. Si aucune branche du journalisme n'est épargnée par cette forme de corruption morale que sont la connivence ou le clientélisme, le domaine culturel, relativement déconsidéré au sein des rédactions, en souffre au premier chef. Pour remplir les pages Culture, on hésite de moins en moins à accepter les largesses des institutions culturelles : voyages de presse, « partenariats » discrets et publi-information camouflée sont présentés aujourd'hui comme les conditions nécessaires à l'existence même de ces pages… dont l'intérêt décroît en proportion.

Au printemps 2015, entre mai et juin, ont fleuri dans les médias français un petit bouquet de reportages étrangement semblables, tous consacrés à la flamboyante histoire des castrats dans la Naples du XVIIIe siècle. Les lecteurs du *Figaro*, du *Monde*, de *La Croix* ou de *L'Express*, les auditeurs de RFI et les téléspectateurs de France 2 ont pu suivre les pas des journalistes dans les rues de la « *cité parthénopéenne* » qui, « *depuis sa fondation, bat au rythme de la musique* », et ont plongé « *aux sources de cette école de chant célébrée dans toute l'Europe baroque* ». Les lieux visités, de la résidence royale des Bourbons dans la ville voisine de Caserte à l'hôtel particulier du castrat Gaetano Caffarelli, se retrouvent d'un article à l'autre. Tout comme des anecdotes et certains témoins, dont la flamboyante Béatrice de Bourbon des Deux-Siciles, « *descendante directe de Charles III et de Louis XIV* ».

La raison de cette brusque et inattendue floraison ? Le festival annuel du château de Versailles qui, cette année-là, rendait hommage au baroque napolitain pendant un mois. Les journalistes qui se sont penchés sur ce courant musical n'ont pas eu l'idée seuls. Et n'ont pas déboursé d'argent pour se déplacer. « *C'est le*

« TROIS JOURS AUX FRAIS DE LA PRINCESSE, POUR COUVRIR UN SUJET INTÉRESSANT EN RENCONTRANT DE BONS SPÉCIALISTES DE LA QUESTION, C'EST UN BON PLAN. »

Château de Versailles qui a organisé un voyage de presse pour faire la promotion de son festival, glisse un participant. *Trois jours aux frais de la princesse, pour couvrir un sujet intéressant en rencontrant de bons spécialistes de la question, c'est un bon plan.* » Bon plan sur lequel les journalistes sont pourtant restés bien discrets. Le seul à avoir vendu la mèche est le chroniqueur culturo-mondain de *Télématin* (France 2) Henry-Jean Servat, qui a indiqué sans fard que Catherine Pégard, présidente du Château, avait « *invité quelques personnes à faire un petit tour de reconnaissance* » sur place.

Voyages voyages...

Cette invitation n'est en rien surprenante, ni isolée. « *Dès l'instant où tu mets le pied dans un service Culture, ça marche comme ça* », indique un journaliste spécialisé. « *Tout le monde a recours au voyage de presse*, confirme une consœur. *Je ne connais pas de titres totalement "purs", qui refuseraient tout, même s'il y en a certainement de plus vertueux que d'autres.* » Dans les coulisses, les voyages de presse sont un des instruments les plus fréquemment utilisés par les médias, de tous genres, et particulièrement dans les services Culture. *A fortiori* à l'heure de la crise qui secoue la presse. La conséquence directe des résultats financiers catastrophiques qui s'accumulent dans le secteur est en effet la réduction continue des budgets consacrés aux reportages, qui deviennent dès lors la chasse gardée du service Monde.

« *Pour nous, le voyage de presse est presque le seul moyen de faire du reportage* », souligne une journaliste culturelle d'un quotidien national français. Un salarié de Radio France va plus loin : « *La culture est bien souvent considérée comme un sous-service. C'est le truc pas tout à fait indispensable, donc les chefs considèrent souvent que si ça peut être gratuit, c'est mieux.* » Un autre, encore : « *La presse est pauvre, en crise. Ce qui était inadmissible il y a dix-quinze ans est devenu acceptable, par la force des choses.* » De fait, s'intéresser à la façon dont sont conçues les rubriques spécialisées de quelques-uns des plus grands médias hexagonaux, c'est aboutir rapidement à un constat : les journalistes sont certes des rouages indispensables de la fabrique de la culture en France, mais ils sont aussi les partenaires plus ou moins obligés d'un pacte passé avec les artisans de cette même fabrique. Le voyage de presse est un des signes les plus évidents, et visibles, de cette proximité des deux côtés de la barrière, mais c'est loin d'être le seul. Sans les voyages organisés par les concepteurs d'une exposition, sans les invitations sur un tournage de film ou encore sans les publicités et les accords de partenariat négociés par les groupes de luxe qui ont fait de la culture l'un de leurs étendards, le contenu des pages Culture serait bien maigre [1].

Les mille et un usages du monde médiatico-culturel sont peu assumés publiquement par ceux qui les pratiquent. La quasi-totalité de la grosse dizaine de journalistes que nous avons sollicités n'ont accepté de dévoiler les coulisses

« LA CULTURE, C'EST LE TRUC PAS TOUT À FAIT INDISPENSABLE, DONC LES CHEFS CONSIDÈRENT SOUVENT QUE SI ÇA PEUT ÊTRE GRATUIT, C'EST MIEUX. »

de leur métier qu'à la condition de rester dans l'anonymat. « *C'est une omerta* », déplore Gérard Lefort. Celui qui fut pendant trente-cinq ans un journaliste emblématique de *Libération*, et longtemps le chef de ses pages Culture, a quitté le quotidien en octobre 2014. Il était connu pour son intransigeance quant aux relations que la profession doit entretenir avec les acteurs du monde qu'elle couvre. « *Lorsque je m'occupais du service Culture, il n'y avait pas de loi écrite, mais la règle était simple : on n'acceptait rien, ni voyages de presse ni cadeaux. Rien* », indique-t-il. Tout en reconnaissant immédiatement : « *Il y a eu mille entorses, hélas…* »

PRESQUE TOUS LES JOURNALISTES QUE NOUS AVONS SOLLICITÉS N'ONT ACCEPTÉ DE DÉVOILER LES COULISSES DE LEUR MÉTIER QU'À LA CONDITION DE RESTER DANS L'ANONYMAT.

Et aujourd'hui ? Quelle politique suit le *Libé* racheté par Patrick Drahi ? « *Il n'y a plus d'interdiction des voyages de presse, car ils répondaient à une demande en interne, mais ils restent l'exception,* répond Lilian Alemagna, au nom de la Société des journalistes et du personnel de *Libération* (SJPL). *Ces voyages doivent être acceptés par la rédaction en chef et, en théorie, la SJPL doit être avertie. Surtout, comme le précise la charte éthique, le voyage doit être signalé dans le corps de l'article.* » La règle n'est pas toujours appliquée à la perfection, mais des voyages de presse, qui restent globalement rares, sont en effet régulièrement signalés explicitement dans les colonnes du quotidien.

Cette transparence demeure très rare en France. Chaque jour, ou presque, le lecteur attentif pourrait relever des traces de voyages de presse non mentionnés. Cela peut concerner des déplacements tout à fait modestes, comme lorsque la maison d'édition Stock organise une visite dans le jardin de la maison natale de Colette, dans l'Yonne, pour promouvoir un livre sur les jardins des écrivains publié au printemps 2015. Bien souvent, ces voyages ne durent pas plus d'une journée, en France ou en Europe. La plupart du temps, il s'agit d'aller visiter une exposition dans un musée pas trop lointain. Mais l'originalité n'est pas interdite : l'an dernier, Gallimard a invité quelques journalistes au Rijksmuseum d'Amsterdam pour leur faire découvrir la maison de poupée du XVIIe siècle qui y est exposée et qui a inspiré *Miniaturiste*, le livre de Jessie Burton que la maison d'édition publiait. *L'Express* en a fait son miel, tout comme *Les Inrockuptibles*, qui lui ont consacré un long article. « *Le livre ne correspond pourtant pas au goût classique des* Inrocks, juge un ex-collaborateur du magazine. *On peut parier que s'il n'y avait pas eu ce voyage, le roman n'aurait eu droit qu'à une courte critique.* »

CHAQUE JOUR, OU PRESQUE, LE LECTEUR ATTENTIF POURRAIT RELEVER DES TRACES DE VOYAGES DE PRESSE NON MENTIONNÉS.

«*Dans les budgets, on prévoit toujours l'accueil des journalistes, ça fait partie intégrante de la promotion*», témoigne une ancienne responsable communication d'une scène nationale de province. «*C'est souvent efficace, et ça coûte beaucoup moins cher qu'une publicité! Quand on est une grande maison, on est toujours très bien servi par la presse régionale*, détaille-t-elle. *En revanche, il est difficile d'intéresser la presse nationale. Pour avoir une chance de faire se déplacer ses journalistes, il faut les inviter. Pour la bonne cause, on les fait manger, on les héberge parfois, et on peut même leur faire faire un peu de tourisme…*» Ces voyages courts sont tout à fait au goût des journalistes. «*Je fais très fréquemment des déplacements avec un aller-retour dans la journée*, témoigne une professionnelle bien insérée dans le réseau des publications sur l'art. *Je suis toujours invitée, on me paye au moins le voyage, la visite et un repas. Et puis, une ou deux fois par an, je pars pour de grands voyages.*»

« DANS LES BUDGETS, ON PRÉVOIT TOUJOURS L'ACCUEIL DES JOURNALISTES, ÇA FAIT PARTIE INTÉGRANTE DE LA PROMOTION. »

Les voyages au long cours, coûteux, sont une denrée plus rare, réservée à quelques journalistes bien choisis, par exemple certains spécialistes du théâtre, que le Festival d'Avignon emmène à l'étranger, en amont du festival lui-même, pour assister à des pièces ou rencontrer des metteurs en scène invités. «*La plupart du temps, on considère que je ne représente pas un média assez puissant*, témoigne le journaliste radio déjà cité. *Ces voyages permettent à des musées de faire découvrir sur place les sujets de leurs expositions à venir. Les médias choisis peuvent sortir de magnifiques articles au moment de l'inauguration, alors que les autres doivent se contenter d'une visite avec le commissaire de l'événement.*» À ce petit jeu, le musée du Quai-Branly est réputé pour les magnifiques déplacements qu'il organise, aux îles Marquises cette année, à Angkor au Cambodge en 2013, ou en Nouvelle-Zélande pour une exposition sur les Maoris en 2011.

Du point de vue des organisateurs, la recette est gagnante. En 2010, David Madec était directeur-adjoint de la communication du Louvre. Il se souvient avec émotion d'un séjour dans le nord du Soudan, à Méroé, à l'occasion d'une exposition sur les héritiers des pharaons noirs. «*Nous avions emmené quatre ou cinq journalistes*, raconte-t-il. *Et, alors que l'exposition était sur un petit volume, pas du tout en rapport avec nos grands événements, nous avions eu une belle couverture médiatique*», dont de longs articles dans *Le Monde* et *Libération*.

Aujourd'hui, David Madec est directeur de la communication de la Cité de l'architecture et il reproduit régulièrement la méthode. «*Nous organisons des voyages ou des visites de presse deux ou trois mois avant une exposition, pour présenter des sujets ardus, où les journalistes ont besoin de rencontrer des spécialistes*, explique-t-il. *L'idée est de les avoir sous la main assez longtemps pour leur faire passer toutes les informations nécessaires.»* Les déplacements sont aussi des moments propices pour nouer des liens plus personnels avec les journalistes. «*C'est l'occasion d'initier un échange très large avec un professionnel, de mieux déceler ses centres d'intérêt,* témoigne David Madec. *Et aussi d'apprendre à connaître ceux qui seront les grandes signatures de demain.*»

AU JEU DES DÉPLACEMENTS QUI EN METTENT PLEIN LA VUE, CE NE SONT ÉVIDEMMENT PAS LES INSTITUTIONS PUBLIQUES QUI TIENNENT LE HAUT DU PAVÉ.

Au jeu des déplacements qui en mettent plein la vue, ce ne sont évidemment pas les institutions publiques qui tiennent le haut du pavé. Plusieurs journalistes citent en revanche avec des étoiles dans les yeux la réputation de la Fondation Pinault, qui abrite au Palazzo Grassi de Venise une partie des collections d'art contemporain du milliardaire François Pinault, fondateur du groupe Kering (ex-PPR). «*Pendant des années, j'ai vu passer des invitations à tour de bras, dans des conditions de luxe délirantes*», assure Gérard Lefort. Plus improbable, Disney a organisé en décembre 2013 un déplacement en Norvège «*sur les traces de la* Reine des neiges», dont on trouve trace dans un article du *Parisien*. «*Disney, ils jettent de l'argent par les fenêtres,* témoigne un journaliste cinéma. *En 2009, pour la sortie par leur filiale Pixar du DVD de* Cars 2, *ils ont emmené quelques journalistes chez Pixar, près de San Francisco, deux jours et demi en tout. J'ai pu y voir John Lasseter, le directeur de la création de Disney et Pixar, en tête à tête… pendant sept minutes.*»

Un tel niveau de dépense est bien sûr inenvisageable hors du privé. Et de nombreux musées publics font preuve d'une certaine débrouillardise pour que les voyages de presse ne leur coûtent presque rien. «*Je suis soit très pauvre, soit très radin*, s'amuse David Madec. *Ces voyages ne coûtent même pas 5 % de nos dépenses de promotion.*» Lors de la visite organisée récemment au Portugal, explique-t-il, les frais ont été pris en charge par la Fondation Calouste Gulbenkian, institution privée lisboète qui promeut les arts et la science. L'an dernier, pour le voyage organisé à Lausanne à l'occasion de l'exposition Viollet-Leduc (qui y a restauré la cathédrale en 1874), la ligne de TGV franco-suisse Lyria a fourni les billets de train, l'office de tourisme de Lausanne les chambres, et les Archives cantonales un repas.

Plus globalement, «*quel que soit celui qui invite, on est loin des largesses d'antan*», juge un journaliste qui a plus de vingt-cinq ans d'expérience dans le secteur musical: «*Jusqu'au milieu des années 2000, inviter toute la presse française pour aller interviewer David Bowie à New York, c'était possible pour les maisons de disques. À l'époque, elles recherchaient surtout une image positive de leur artiste, elles savaient que nous n'influions que très peu sur les ventes. Mais cette page est définitivement tournée.*» Ce professionnel aguerri est un habitué du voyage de presse, dans lequel il voit paradoxalement «*une certaine liberté*». «*On y apprend énormément de choses. On accède à des lieux et à des témoins difficilement joignables autrement,* insiste-t-il. *Et puis, Cesaria Evora, personne ne serait allé la découvrir au Cap-Vert si on ne nous y avait pas emmenés…* »

La journaliste spécialisée dans les arts déjà citée reconnaît que, « *idéalement, si on avait les moyens et le temps, on pourrait organiser seuls ces déplacements* ». « *Le voyage de presse, ce n'est pas extraordinaire d'un point de vue éthique* », convient-elle. Pour autant elle tient à préciser que « *ce ne sont pas des voyages tourisme, même s'ils se déroulent souvent dans des destinations agréables. Et je ne m'interdis jamais de dire du mal d'une exposition, je le dois au lecteur* ».

Des « chartes éthiques » aux contours flous

Au sein des rédactions, les avis sur ce phénomène courant sont partagés, et les réponses officielles variées. Au *Monde*, la charte éthique cadre les choses : « *Le recours aux voyages de presse doit rester exceptionnel et se justifier professionnellement* », indique le texte. Qui précise également que « *la mention "Envoyé spécial" ne peut être utilisée* [que] « *dans l'hypothèse où les frais de transport ont été pris en charge par le journal concerné* ». « *C'est un peu subtil, il faut le reconnaître, mais c'est une manière de baliser les choses* », estime Paul Benkimoun, président de la Société des rédacteurs (SDR) du quotidien. Il assure qu'au *Monde* « *le taux de refus est très élevé : on décline 90 % des propositions* ». « *Notre budget n'est pas extensible,* reconnaît le journaliste. *Si une institution propose de financer un déplacement, notre philosophie, souvent, c'est de faire 50-50.* »

Ailleurs, les choses sont parfois bien moins claires. Au *Parisien*, par exemple : « *À ma connaissance, il n'y a pas de règles officiellement fixées dans notre rédaction* », indique Matthieu Pelloli, qui représente la Société des journalistes du quotidien. Un de ses collègues donne le sous-texte de ce commentaire prudent : « *Une charte est en cours de rédaction, mais les débats ne sont pas simples : le voyage de presse est largement répandu dans le service Culture, et on sigle régulièrement "envoyé spécial" des articles alors que le journal n'a pas financé les déplacements.* »

« *Ce qui est terrible dans toutes ces questions, c'est l'accoutumance* », peste Gérard Lefort, qui n'en revient toujours pas d'avoir appris que certains confrères s'étaient laissé aller « *à se faire inviter dans des festivals de cinéma avec leur petite famille, pour un week-end dans un palace de la Côte normande, par exemple…* ». L'ancien de *Libé* ne mâche pas ses mots pour dénoncer ce qui s'apparente, à ses yeux, à « *une forme de corruption morale* ». « *Ces petits arrangements sont une des nombreuses raisons de la désaffection pour la presse,* balance-t-il. *Les lecteurs sont des citoyens, et les citoyens savent quand on se moque d'eux.* »

« *CES PETITS ARRANGEMENTS SONT UNE DES NOMBREUSES RAISONS DE LA DÉSAFFECTION POUR LA PRESSE* » – GÉRARD LEFORT.

Lefort est rejoint sur ces positions par un autre grand ancien, encore en activité celui-là. Jérôme Garcin, chef du service Culture de *L'Obs* depuis 1996 et producteur-animateur de l'émission de France Inter *Le Masque et la Plume* depuis 1989, signale qu'il interdit à ses troupes tout voyage de presse. La SDJ du magazine confirme l'information. « *Tout voyage collectif est un non-sens journalistique pour moi, car il est impossible de faire une enquête journalistique entouré de cinq à dix journalistes* », affirme Garcin.

Mélange des genres, conflits d'intérêts

Au-delà des voyages de presse, Garcin dénonce le mélange des genres généralisé qui prévaut dans le secteur. N'a-t-il pas beau jeu de critiquer ce système, lui dont la position à la tête de l'émission culturelle phare d'Inter et des pages dédiées de *L'Obs* garantit à tous ses ouvrages un accueil plus que bienveillant ? En mars 2015, le site de critique des médias Acrimed a dressé un cruel catalogue de l'« *important et chaleureux accueil médiatique* » de son dernier livre, *Le Voyant*, début 2015. Des dizaines d'éloges, parfois signés par ses chroniqueurs ou anciens chroniqueurs, ses collègues, ses amis écrivains ou journalistes, ses obligés… « *Ces attaques, je les trouve parfaitement légitimes. Mais je n'y peux rien si mes livres récoltent de bonnes critiques*, balaye Garcin. *Je ne vois pas pourquoi je m'interdirais d'écrire des livres.* »

Dans le monde de l'édition, le mélange des genres que Garcin dénonce et personnifie tout à la fois est réel, connu de tous, et transparaît continuellement. Les places d'auteur, de critique, de chroniqueur et d'éditeur sont bien souvent interchangeables. Les renvois d'ascenseur sont innombrables, ceux qui tiennent un jour la plume pour évoquer le livre d'un écrivain ou d'un journaliste ayant de grandes chances de se retrouver dans la position inverse quelques mois plus tard.

LES PLACES D'AUTEUR, DE CRITIQUE, DE CHRONIQUEUR ET D'ÉDITEUR SONT BIEN SOUVENT INTERCHANGEABLES.

Et pour qui veut se pencher d'un peu plus près sur cette proximité bien comprise, *Le Point* constitue un spécimen intéressant. Le magazine fondé par Claude Imbert et propriété de la famille Pinault est certes un exemple parmi bien d'autres, mais il concentre bon nombre des pratiques du milieu. Au *Point,* l'essayiste Bernard-Henri Lévy et l'écrivain Patrick Besson tiennent chronique hebdomadaire, où tous deux encensent ou descendent en flammes régulièrement romans et essais. Ce qui n'empêche pas leurs propres livres d'être également chroniqués dans le magazine. Il est vrai que, pendant des années, les livres du boss Franz-Olivier Giesbert (P-DG de 2003 à janvier 2014) étaient présentés en grande pompe dans le magazine, et régulièrement encensés par les journalistes maison, se déclarant tour à tour éblouis « *par le courage du desperado qui lâche un tel livre en plein Paris* », ou épatés par un « *roman rapide, plaisant, aigu, comique, inspiré, facétieux, guignolesque* »… En avril 2011, le magazine consacrait onze pages à *Monsieur le Président* (Flammarion), le livre du patron consacré à Nicolas Sarkozy. Et quand, en février 2015, *Le Point* déniche la « *meilleure pizza* » de Paris, elle est mitonnée dans un restaurant tenu par Alexandre Giesbert, le fils de « FOG »…

PENDANT DES ANNÉES, LES LIVRES DU PATRON DU *POINT*, FRANZ-OLIVIER GIESBERT, ÉTAIENT RÉGULIÈREMENT ENCENSÉS PAR LES JOURNALISTES MAISON.

L'actuel directeur-adjoint de la rédaction, Christophe Ono-dit-Biot, responsable des pages Culture du magazine, est aussi aux manettes de l'émission littéraire de TF1 *Au fil de la nuit* et d'une émission dédiée sur France Culture, doublée d'une autre pastille quotidienne de cinq minutes. Or, c'est un secret de Polichinelle, Ono-dit-Biot est en couple depuis plus de dix ans avec l'une des principales attachées de presse de la maison d'édition Grasset[2]. Cela n'a jamais empêché le journaliste, tous médias confondus, de chroniquer des livres Grasset, parfois sur des auteurs directement défendus par sa compagne.

« NOUS SOMMES "MAQUÉS" AVEC GRASSET. »

Ajoutez à cela que Jean-Paul Enthoven, plume régulière du *Point*, est directeur éditorial chez Grasset, et vous obtenez ce constat, glissé par un journaliste fatigué : *« Nous sommes "maqués" avec Grasset. »* Les liens personnels ne sont pas ceux qui inspirent le plus de critiques au sein de la rédaction du *Point*. Des journalistes décrivent *« une éthique globale assez souple, où les impératifs suivis ne sont pas forcément ceux du souci du lecteur »*. En revanche, l'actionnaire a droit à tous les égards… À titre d'anecdote, la Société des rédacteurs n'a pas même réussi à obtenir que lorsqu'un article parle de Salma Hayek, les liens qui existent entre le magazine et elle soient cités. Les liens ? Une broutille : l'actrice est la femme de François-Henri Pinault, patron de Kering et d'Artemis, la holding familiale qui détient *Le Point*. On comprend que le long et amical entretien entre l'actrice et Christophe Ono-dit-Biot, paru dans *L'Officiel de la mode* en mars 2015, sans que leur quasi-lien de subordination ne soit évoqué, ait fait tousser certains journalistes.

Les liens entre Kering, les Pinault et *Le Point* sont aussi régulièrement escamotés dans le magazine. Si les articles consacrés à la fondation d'art contemporain de François Pinault, au Palazzo Grassi à Venise, les évoquent généralement, ce n'est pas systématiquement le cas sur le site web. Dans un autre domaine, aucun des deux articles rendant hommage en octobre 2015 à *La Glace et le Ciel*, le nouveau documentaire de Luc Jacquet, ne mentionnait que le film était coproduit par Kering. Oubli similaire lorsque le magazine a chanté les louanges, en décembre, des *Aventuriers de l'art moderne*, documentaire en six épisodes diffusé sur Arte, et coproduit par la Financière Pinault. Et lorsque Jean-Jacques Aillagon publie une tribune sur le site du magazine, comme il l'a fait six fois entre mai 2014 et février 2016, nulle part n'est précisé que l'ancien ministre de la Culture est le conseiller officiel de François Pinault pour les questions artistiques…

Les nouvelles formes de la servitude publicitaire

Le mélange des genres n'est évidemment pas cantonné au seul *Point*. Et si ce n'est pas toujours un actionnaire qui en est la cause, c'est qu'il faut bien plus souvent chercher du côté des annonceurs. La presse culturelle entretient des liens financiers étroits avec le monde qu'elle observe en permanence. Il y a la publicité, bien sûr, qui peut suffire à tétaniser une rédaction au compte en banque fragile. D'autant plus lorsque l'annonceur s'appelle LVMH, dont les marques de luxe (Louis Vuitton, Christian Dior, Kenzo, Fendi, etc.) arrosent toutes les publications. On a ainsi entendu ou lu bien peu de critiques de la part de journalistes spécialisés lors de l'inauguration de la Fondation Louis Vuitton dans le bois de Boulogne, à l'automne 2014...

LES MARQUES DE LUXE DE LVMH (LOUIS VUITTON, CHRISTIAN DIOR, KENZO, FENDI, ETC.) ARROSENT TOUTES LES PUBLICATIONS.

Cette prudence envers la main qui nourrit est connue. Mais qui sait que *Les Inrockuptibles* partagent régulièrement les frais de promotion du magazine avec les éditeurs ou les producteurs des livres et des disques qu'ils mettent en Une ? « *Lors des rentrées littéraires,* Les Inrocks *font leur couv' sur un écrivain choisi par la rédaction. Et il est arrivé que le service commercial aille discuter avec l'éditeur pour qu'il finance un peu d'affichage, dans les rues ou sur les dos de kiosques. Cela a aussi pu se produire pour des disques importants* », indique un journaliste de la rédaction. « *L'équipe choisit d'abord ses artistes, et va seulement discuter gros sous ensuite*, précise-t-il. *Et si l'éditeur refuse, cela ne modifie en rien le choix de couverture.* »

***LES INROCKS* ONT PUBLIÉ DES SUPPLÉMENTS PAYÉS ENTIÈREMENT PAR UN ANNONCEUR, SANS QUE CELA SOIT CLAIREMENT ANNONCÉ.**

À la recherche de financements « *dans un monde où plus personne n'a d'argent* », *Les Inrocks* ont aussi publié des suppléments payés entièrement par un annonceur, sans que cela soit clairement annoncé. Pour le magazine culturel, cette tendance s'est notamment matérialisée dans deux « tirés à part ». L'un était dédié au monde de la bière en juin 2013, en partenariat avec Tendances bière, un faux nez d'Heineken ; l'autre était une ode à la Suisse, en mars 2014, célébrant un pays « *qui bouge* », aux « *arts très vivants* » et aux villes « *ultra-modernes, dynamiques et écolos* ». La radio publique suisse a promptement révélé qu'il s'agissait d'une commande de l'organisme Suisse Tourisme. Selon *Arrêt sur images*, ces partenariats plus ou moins discrets se seraient monnayés entre 15 000 et 20 000 euros net.

« *Les partenariats existent depuis de très nombreuses années mais, dans la majorité des cas, il s'agit simplement d'apposer le logo d'un média sur l'affiche d'un film, d'une expo, ou sur un disque que la rédaction a aimé*, rappelle un journaliste expérimenté. *Cela se fait souvent sans échange d'argent, mais en* dealant *une publicité dans le journal, ou par exemple le partage des fichiers recensant les coordonnées des visiteurs d'une expo.* » Selon divers témoignages, ces marques de soutien médiatiques sont tout de même régulièrement payantes, surtout dans les médias jugés prescripteurs. Et aujourd'hui le phénomène s'est amplement élargi, sans que les médias se donnent la peine d'éclairer ses coulisses.

Prenons un exemple : l'exposition au Louvre sur le peintre du XVIIIe siècle Hubert Robert, connu pour ses paysages de ruines, qui s'est tenue de mars à mai 2016. Au titre du « *partenariat média* », le site du musée nomme notamment *L'Express* et *Le Figaro*. Dans son article élogieux annonçant l'exposition, signé du directeur de la rédaction Christophe Barbier, le premier indique bien qu'il est partenaire de l'exposition. Mais aucune mention similaire dans *Le Figaro*, qui a accordé sa première page Culture à l'événement le 19 mars… Quant aux conditions financières de ces partenariats, aucun journal n'a voulu les détailler officiellement. « *Ces questions sont très sensibles, et souvent mal interprétées* », nous a tout juste soufflé l'employée spécialisée d'un grand quotidien, avant de raccrocher. Selon nos informations, les « partenariats » donnant lieu à de longs articles de plusieurs pages sont aujourd'hui payants. Que l'opération soit hébergée au sein du journal, comme pour des expositions présentées en quatre pages dans *La Croix* (par exemple celle sur les peintres de Sienne qui s'achève cet été à Rouen). Ou qu'elle fasse l'objet de suppléments tirés à part, comme *Le Monde* s'en est fait une spécialité.

Les suppléments du *Monde*, souvent dans le domaine culturel, sont d'étranges objets journalistiques. Longs de quatre pages, ils sont présentés comme de classiques cahiers du journal du jour et rédigés par des journalistes de la rédaction. Rien n'indique qu'ils sont financés par un annonceur… si ce n'est le ton, pas franchement critique. « *On est au-delà de la connivence* », juge un ancien journaliste du *Monde*, choqué par la multiplication du procédé. Jugez plutôt : le supplément du 7-8 décembre 2014, publié à l'occasion de l'inauguration de la Philharmonie de Paris, s'ouvrait par un article du chef du service Culture, Aureliano Tonet, titré « *Un rêve de salle* ». Suivaient des papiers aussi acerbes que « *Saga Philharmonia* » ou « *Enfin un écrin pour l'Orchestre de Paris* ». Quelques jours plus tôt, le 18 octobre, un autre supplément était dédié à l'ouverture de la Fondation Louis Vuitton, avec des articles au ton tout aussi admiratif. Et plus récemment, le 24 janvier dernier, rebelote pour un supplément financé par la Fondation Clément, musée privé martiniquais de l'entreprise GBH, qui est le relais aux Antilles des marques hexagonales Carrefour, Renault ou Décathlon.

CERTAINS SUPPLÉMENTS DU *MONDE* SONT FACTURÉS AUX ANNONCEURS DE 40 000 À 120 000 EUROS BRUT.

Selon nos informations, ces suppléments sont facturés aux annonceurs de 40 000 à 120 000 euros brut (il y a ensuite une marge de négociation, qui peut aller jusqu'à 50 % de réduction). Et ce n'est pas tout. Un dispositif spécial web est prévu pour le partenaire : pendant un mois, voire plus, un onglet spécifique est créé sur les pages Culture du site internet du *Monde*, et les mots clés « Fondation Clément » ou « Philharmonie » s'affichent à côté des traditionnelles rubriques « Cinéma » et « Livres ». Sur la plaquette de la régie publicitaire du quotidien, ces « *partenariats numériques* » sont proposés à 40 000 euros brut.

SI L'ANNONCEUR PAYE, IL A DROIT À QUATRE PAGES D'ARTICLES EN SON HONNEUR.

Comment sont rédigés ces étranges suppléments ? « *Systématiquement, les journalistes du service concerné en discutent entre eux. Et s'ils disent qu'ils n'auraient pas écrit par eux-mêmes sur le sujet proposé, on refuse le partenariat* », indique Paul Benkimoun, de la SDR. Des partenariats autour de l'inauguration du Musée des confluences à Lyon, ou de certains festivals musicaux, ont par exemple été retoqués. « *De plus, l'institution qui finance le supplément n'a aucun droit de regard éditorial, le choix des articles et leur contenu est entièrement décidé par les journalistes* », explique Benkimoun. Rappelons que la loi du 1er août 1986 stipule que « *tout article de publicité à présentation rédactionnelle doit être précédé de la mention "publicité" ou "communiqué"* ». Ce n'est pas le cas ici. « *Ce ne sont ni des publicités, ni des publi-reportages, puisque la rédaction a le contrôle total de ce qu'elle écrit* », justifie un membre de la hiérarchie du journal. Bien sûr, reconnaît-il, « *ce système influe clairement sur la quantité d'articles publiés sur un sujet donné* ». Si l'annonceur paye, il a droit à quatre pages d'articles en son honneur, au lieu d'une ou deux pages maximum sinon.

Preuve que la direction du *Monde* a tout de même conscience du problème : comme le comité d'éthique du journal l'avait suggéré en 2015, les suppléments réalisés depuis mai dernier sont désormais plus clairement identifiés, portant la mention « *Ce supplément est réalisé avec le soutien de…* ». Au même moment, la rédaction de *La Croix* a commencé à réfléchir à des règles pour encadrer ces suppléments. « *Ils rapportent de l'argent au journal, on ne peut pas les refuser*, témoigne un journaliste. *Mais il faut mettre des limites. Si cette pratique vient à conditionner l'essentiel de nos choix, tout le monde sera perdant. Les lecteurs comme les rédactions.* »

1. Pour cette enquête, nous nous sommes cantonnés à l'acception classique d'une rubrique Culture : arts et expositions, livres, disques et films.
2. Ni Christophe Ono-dit-Biot ni sa compagne n'ont souhaité expliquer quelles règles ils appliquent pour conjuguer leurs deux professions.

TOUCHE PAS À MA MUSIQUE !

Controverses sur l'appropriation des cultures minoritaires

PAR RICHARD MÈMETEAU

L'« appropriation culturelle » est une notion inventée dans les années 1990 pour caractériser l'usage irrespectueux des cultures autochtones par les Blancs en Amérique du Nord. Elle a été le moteur de luttes, victorieuses, pour la reconnaissance de l'intégrité de ces cultures. Mais cette notion a resurgi récemment dans un tout autre contexte, celui de la pop culture où des chanteuses ou actrices noires américaines en font usage pour mettre au jour la triple domination – artistique, raciale et sexuelle – opérée par la culture blanche *mainstream*, dont elles se disent victimes. Mais il est beaucoup plus difficile de définir l'illégitimité d'un usage ou d'un détournement culturels dans le contexte marchand mondialisé de la pop culture, où tout s'hybride en permanence, que dans celui, relativement délimité, des cultures « traditionnelles »…

En 2013, le monde de la pop music ronronne : Miley Cyrus sort son single « We Can't Stop ». C'est un succès. Dès le début du clip, la pop star blanche se met un gril sur les dents – véritable cliché du gangsta rap des années 1990 – et claque les fesses de sa danseuse noire. Un court article du site Djezebel signale un malaise : « *La leçon de la nouvelle vidéo de Miley Cyrus : si tu veux avoir l'air cool, d'avant-garde et racaille, vole le style et les mouvements de danse des Noirs*[1]. » Les thématiques de ce site sont d'habitude plus légères – « *Célébrité, sexe et mode pour femmes, sans photoshop* » –, mais on est à quelques jours de l'acquittement du tueur de Trayvon Martin (un jeune Afro-Américain de dix-sept ans assassiné par un vigile à Sandford, en Floride) et du début du mouvement BlackLivesMatter. Alors, quand Miley Cyrus se met à twerker un mois plus tard contre l'entrejambe de Robin Thicke aux MTV Video Music Awards de 2013, un deuxième bug se produit dans la grande matrice pop. Le twerk est une danse noire populaire apparue dans les clubs du Sud des États-Unis, et Miley Cyrus une chanteuse et actrice blanche formée chez Disney. Ça ne devrait être qu'une énième performance sexy et moderne d'une chanteuse blanche utilisant la culture noire pour « pimenter » la pop music. Mais le papillon ne produit pas le type d'ouragan médiatique prévu. On ne se demande pas seulement si Miley Cyrus est une féministe prosexe ou une pop star inconsciente. On lui reproche de s'être approprié et d'avoir dénaturé une culture qui n'est pas la sienne. Le terme d'« appropriation culturelle » fait alors un premier bond sur la toile et ne cesse, d'après GoogleTrends, de progresser depuis.

Réécrire (enfin) l'histoire de l'art occidental

Il n'y a encore pas si longtemps, Iggy Pop pouvait raconter qu'il avait trouvé sa voie en s'appropriant le blues des musiciens de Chicago qu'il accompagnait à la batterie : « *Un soir, je suis descendu à l'usine de retraitement des eaux usées* [...], *j'ai fumé ce joint et j'ai eu une illumination. Je me suis dit : " Ce qu'il faut que tu fasses c'est jouer ton propre blues, tout simple. Je dois pouvoir décrire ma propre expérience en m'appuyant sur la façon dont ces types décrivent la leur... " Et c'est ce que j'ai fait. Je me suis approprié beaucoup de leurs techniques vocales, et aussi leurs tournures de phrases – entendues, mal entendues ou déformées à partir de chansons blues. Alors "I Wanna Be Your Dog", c'est probablement mon écoute déformée de "Baby Please Don't Go"*[2]. » En qualifiant ces techniques artistiques d'« *emprunt* », de « *citation* », de « *collage* » ou d'« *hypertextualité* », on abstrait les éléments culturels du contexte d'oppression d'un groupe à l'égard d'un autre. On les considère comme détachables, libres de droit. Encore récemment, Lady Gaga endossait la formule de Picasso comme caution artistique : « *Les bons artistes copient, les grands artistes volent.* » Picasso, en s'inspirant des masques grebo, s'était parfaitement accommodé de la domination de la culture qu'il s'était appropriée – témoin célèbre : cette photo de lui posant avec une coiffe de chef indien.

Mais les excès des artistes de l'*appropriation art* des années 1970 ont lentement creusé la tombe de l'idée d'appropriation culturelle. Autrefois défendus par Douglas Crimp dans la revue *October*, ces artistes pouvaient, à l'instar de

EN QUALIFIANT CES TECHNIQUES ARTISTIQUES D'« *EMPRUNT* », ON LES CONSIDÈRE COMME DÉTACHABLES, LIBRES DE DROIT.

Richard Prince, récupérer les clichés de l'Amérique des surfeurs et des cow-boys, ou, comme Sherrie Levine, rephotographier des photos de Walker Evans. Or Richard Prince est désormais plus connu pour les procès à répétition liés à ses appropriations outrancières que pour son travail artistique. Si, à l'origine, l'*appropriation art* passait pour une critique de la notion d'auteur, il s'apparente aujourd'hui largement à une des formes les plus basses de l'appropriation commerciale. Depuis 2013, cette défiance à l'égard de l'appropriation se formule explicitement dans la pop culture. Les procès pour plagiat sont plus nombreux pour des raisons économiques et juridiques. Mais s'installe également l'idée plus profonde qu'on ne peut plus séparer l'art, savant ou populaire, des conditions socio-historiques de son existence.

De la question des minorités autochtones à la critique féministe radicale

La notion d'« appropriation culturelle » proprement dite s'est forgée au cours des débats sur la reconnaissance des cultures autochtones dans les années 1990. Comme les États-Unis, le Canada a découvert cette pratique au travers de sa propre histoire coloniale. Les peuples autochtones d'Amérique du Nord – improprement appelés « Indiens » – ont non seulement été massacrés mais ont vu, jusqu'à très récemment, leurs enfants offerts à l'adoption pour être déculturés et assimilés à la population blanche. Ce n'est qu'en 2014 que l'État fédéral canadien a reconnu que la doctrine de la *terra nullius* était caduque et que donc la colonisation n'était pas légitime. Cette doctrine avait servi à justifier la colonisation de l'Amérique du Nord en décrétant que personne n'était propriétaire de la terre américaine – dans la mesure où personne ne la cultivait – et que les colons pouvaient donc s'en emparer.

À défaut de pouvoir récupérer leurs terres, les peuples autochtones ont voulu préserver leur culture. En 1992, un débat sur l'attribution des subventions aux artistes blancs traitant de thématiques autochtones débouche sur l'idée qu'il s'agit d'une forme d'appropriation culturelle et qu'elle est illégitime. Au Canada, les artistes autochtones obtiennent qu'aucune subvention ne soit octroyée à un artiste non autochtone utilisant la culture autochtone. L'appropriation culturelle, selon le professeur canadien de littérature comparée Willam Moser, comprend cinq formes différentes : le fait d'utiliser des éléments (ou des thèmes associés) d'une culture à laquelle on n'est pas initié (délit représentationnel) ; en ignorant les codes de la culture appropriée (délit herméneutique) ; en la déformant et lui associant des clichés qui la dénigrent (délit moral) ; en lui retirant le droit de se représenter elle-même librement (délit politique) et, enfin, en profitant purement et simplement de sa position dominante pour utiliser les biens intangibles d'un groupe à des fins marchandes (délit juridico-économique de propriété).

En 1993, les peuples lakota, dakota et nakota déclarent la guerre à tous ceux (autochtones ou non) qui exploitent sans autorisation leur culture. Une charte est signée. Sont particulièrement visés tous les shamans blancs et ceux qui utilisent en les dévoyant les symboles de la culture lakota. Les chefs de tribu pressent chacun de leurs membres d'« *agir de façon décisive et audacieuse dans cette campagne actuelle pour que cesse la destruction de nos traditions sacrées, en gardant à l'esprit notre plus haut devoir en tant qu'Indiens : préserver la pureté de nos précieuses traditions pour nos générations futures* ». Les appropriations de la coiffe indienne sont en effet particulièrement fréquentes lors des fêtes d'Halloween, ce qui a donné lieu à une campagne au Québec sous le mot d'ordre « *Ma culture n'est pas un costume* ».

Mais l'exportation du concept d'appropriation culturelle de la lutte pour la reconnaissance de la souveraineté autochtone vers la lutte contre les clichés racistes ne va pas de soi. La culture autochtone est traditionnelle. Des rites existent qui marquent les limites entre les initiés et les non-initiés. À l'inverse, la culture noire américaine est en partie née dans le champ de la pop culture. Le sens de l'appropriation et de la réappropriation fait partie de son ADN. Il est pourtant crucial d'opérer le rapprochement entre ces deux types de lutte – jonction formalisée par l'afro-féministe bell hooks qui, la première, a identifié les racines mêmes de l'appropriation culturelle dans la société américaine blanche et son histoire oppressive [3].

C'est donc assez naturellement que son livre *Black Looks* est ressorti du subconscient militant des réseaux sociaux pour hanter les débats autour de l'appropriation de la culture noire. « Eating The Other », un texte issu de ce livre, qui met directement en accusation une part de la culture de masse blanche, a ainsi connu une seconde vie : « *L'ethnicité est devenue une épice, un assaisonnement qui permet de relever le plat fade qu'est devenue la culture blanche majoritaire*, écrit-elle. *C'est acceptable pour les Blancs d'explorer l'identité noire tant que le but ultime est l'appropriation.* » Car, en s'appropriant la culture noire, les Blancs « cools » répètent au fond le même geste qui est au fondement de la société esclavagiste, dans laquelle, après s'être approprié les corps et la force de travail des Noirs, on s'approprie désormais leur culture.

BELL HOOKS A, LA PREMIÈRE, IDENTIFIÉ LES RACINES MÊMES DE L'APPROPRIATION CULTURELLE DANS LA SOCIÉTÉ AMÉRICAINE BLANCHE.

Bell hooks parle ici d'« appropriation » et non de « vol », parce que la notion de propriété culturelle ou intellectuelle est dévoyée par l'échange marchand lui-même. On ne peut prétendre posséder encore ce que l'on vend, ni même réclamer une légitimité morale sur ces symboles. « *En tant que signes, leur pouvoir de faire naître une conscience critique est affaibli aussitôt qu'ils sont commercialisés.* » Le fait de vendre ses produits culturels atténue considérablement toute valeur d'authenticité. Dans un contexte marchand, le simple fait d'apprécier une forme culturelle semble donc suffisant pour rendre légitime son appropriation. La seule possibilité critique réside alors dans le refus initial de tout échange marchand et dans l'idée que le marché prolonge une forme de violence. En considérant qu'on ne peut régler la question de l'appropriation culturelle au sein de la pop culture, bell hooks adopte la plus exigeante des positions. Elle qualifie Beyoncé de « *terroriste*[4] » pour rappeler notamment que, selon elle, la pop culture est par essence un lieu où s'exercent les différentes formes de domination : de genre, de race et de classe. Et elle conclut logiquement par la célèbre phrase d'Audre Lorde : « *On ne pourra pas détruire la maison du maître avec les outils du maître.* » « *Il y a un prix qui accompagne le décentrement et la décolonisation. Et une partie de ce qu'on doit faire pour être libre consiste justement à créer nos propres standards de vie.* » Une bonne appropriation culturelle exigerait donc un engagement hors de l'industrie culturelle, qui disqualifie *de facto* de nombreuses pop stars.

Interviews de stars et *tweet clashs*

Le combat contre l'appropriation culturelle s'est malgré tout poursuivi dans les coulisses de la pop culture. La nouveauté est que ces débats sont particulièrement relayés par les magazines people puisqu'ils sont la cause de clashs entre stars (Azealia Banks *vs* Iggy Azalea, Nicki Minaj *vs* Miley Cyrus, Taylor Swift *vs* Nicki Minaj, etc.). Les porte-parole de ces mouvements sont des femmes noires qui osent faire valoir leur point de vue. Un jour, c'est Amanda Stenberg, la jeune actrice noire de la saga *Hunger Games*, qui s'attaque à la mode des tresses africaines pour les stars blanches (Kylie Jenner ou RifRaf[5]) ou aux costumes de Katy Perry – laquelle cumule les bourdes : elle s'est notamment habillée en geisha, en reine égyptienne afro-futuriste, réutilise le cliché raciste de la pastèque[6], ou apparaît dans son clip déguisée en racaille. Amanda Stenberg résume parfaitement la situation en reposant une question souvent lue sur les réseaux sociaux : « *Que se passerait-il si on aimait autant les personnes noires que la culture noire ?* » Un autre jour, c'est Azealia Banks qui s'emporte. Elle accuse Iggy Azalea – qui lui a volé son nom de scène – et l'industrie musicale dans son ensemble de faire passer un message raciste en récompensant systématiquement des rappeuses et rappeurs blancs : « *Ce que je vois c'est une bavure culturelle. Et quand ils bradent ces grammys, ce qu'ils disent aux gosses blancs c'est : "Allez-y, vous êtes super, vous êtes géniaux, vous pouvez faire tout ce qui vous passe par la tête." Et ils disent aux gosses noirs : "Vous n'avez que dalle, vous ne possédez que dalle, même pas les trucs que vous créez vous-mêmes"*[7]. » Plus récemment encore, Nicki Minaj a poursuivi ces critiques, notamment à l'égard de Miley Cyrus : « *Allez, tu ne peux pas séparer le bon du mauvais. Si tu veux profiter de notre culture et de notre mode de vie, te lier avec nous, danser avec nous, t'amuser avec nous, twerker avec nous, rapper avec nous, alors tu devrais aussi vouloir ce qui nous affecte, ce qui nous préoccupe, ce qui nous paraît injuste. Tu ne devrais pas ne pas vouloir savoir ça*[8]. »

Le twerk, un modèle d'échange culturel ?

Miley Cyrus a décidément fait à peu près ce qu'elle pouvait faire de pire en matière d'appropriation culturelle, à l'exact opposé de ce qu'on appelle un « échange culturel », qui est au fond l'horizon idéal des relations interculturelles. Cet horizon a été défini par Richard A. Rogers[9] : il s'agit d'un « *échange réciproque de symboles, d'artefacts, de rituels, de styles et/ou de technologies entre des cultures qui ont à peu près le même niveau de pouvoir* ». En un mot, l'appropriation culturelle est légitime s'il existe une relation culturelle d'égal à égal, pas seulement entre individus, mais entre cultures. Un rappeur blanc n'aurait donc le droit de rapper que dans la mesure où il justifie d'une position de pouvoir équivalente à celle de la culture qu'il emprunte – ce qui semble virtuellement impossible [10]. Cet horizon de l'échange culturel paraît condamner la majeure partie de la pop culture. Là encore, une tension apparaît entre l'envie de rendre ce concept populaire et les conditions d'utilisation requises.

Le twerk, lui-même, d'après la catégorisation des appropriations culturelles de Rogers, pourrait apparaître comme un élément culturel problématique. Selon Rogers, cette danse relèverait d'une « *domination culturelle* » (*cultural dominance*), c'est-à-dire de l'« *usage d'éléments d'une culture dominante par les membres d'une culture subordonnée dans un contexte où la culture dominante a été imposée à la culture subordonnée* ». En effet, en s'arrêtant à son étymologie, le twerk est supposé être inspiré par la culture blanche des années 1960. Du twist, le twerk a retenu la position pliée des jambes, du jerk le rebondissement des fesses. Toute culture minoritaire serait alors condamnée à être *a priori* inauthentique du fait même de son oppression, puisqu'elle ne pourrait se créer et s'étoffer qu'à partir d'éléments étrangers.

UNE BONNE APPROPRIATION CULTURELLE EXIGERAIT DONC UN ENGAGEMENT HORS DE L'INDUSTRIE CULTURELLE.

Mais le sens d'une histoire dépend de la façon dont on la raconte et d'où on décide de la faire commencer. Ces danses blanches (twist et jerk) sont initialement d'inspiration noire. Leur origine remonte aux spectacles de *minstrels* du XIXe siècle aux États-Unis, où les Noirs étaient caricaturés par eux-mêmes. Elles relèvent donc plutôt de la catégorie de l'« *exploitation culturelle* » (*cultural exploitation*), c'est-à-dire, toujours selon Rogers, de l'« *appropriation d'éléments de la culture subordonnée par la culture dominante sans réciprocité réelle, permission et/ou autorisation* ». Qu'advient-il lorsque les éléments d'origine sont aussi ceux qui ont été initialement volés ? La réalité de l'appropriation culturelle est telle qu'en dépit de la situation hégémonique de la culture blanche, il semble que la culture noire finisse ironiquement par se citer elle-même. Le twerk est donc une authentique réappropriation noire de ses dérivés, plus que légitime, puisqu'elle rétablit ainsi la culture noire dans son bon droit. Cette situation complexe des cultures entre elles, hybridées par leurs appropriations illégitimes, aboutit à une situation que Rogers finit par qualifier de « *transculturation* » – ou « *pollinisation* » (*cross-pollination* ou *cross fertilization*). Tout savant ou connaisseur des réalités culturelles est obligé de se plier à ce diagnostic complexe, mais Rogers reconnaît aussi qu'un tel concept est incapable de qualifier la faute de l'appropriation culturelle sur le plan politique.

Dès lors, on est conduit au paradoxe que l'échange culturel ne peut exister selon ces termes qu'entre des groupes minoritaires – égaux du fait d'une oppression égale. Certains font ainsi remonter l'origine du twerk à une tradition ivoirienne, où les femmes d'un village se rassemblent pour reconquérir leur mari en dansant devant eux. Dans les clubs ivoiriens, cette danse serait devenue le mapouka, avant de voyager jusque dans les clubs du Sud des États-Unis. Dans cette version de l'histoire, le twerk provient alors d'un véritable échange culturel. L'échange culturel se serait ensuite poursuivi entre groupes minoritaires féministes et afro-américains. Le twerk, en effet, n'est pas une danse sexiste ou hétérosexuelle – contrairement à ce que pensent ses pourfendeurs blancs et puritains –, elle est au contraire devenue l'emblème d'un féminisme prosexe, et la signature *queer* de la scène *bounce* de La Nouvelle-Orléans – qui va de Big Freedia à Katey Red et qui se fait connaître notamment grâce au morceau « Express Yourself », de Nicky Da B et Diplo. Tous ces spécialistes du twerk sont noirs, transgenres ou gays. Mais ils savent aussi créer des moments où tous les publics sont invités à bouger leurs fesses de façon si universaliste, sans distinction de race, de sexe, de religion, de sexualité ou de taille de fessier, que Big Freedia pourrait passer pour la prochaine Marianne et « Y'all Get Back Now » pour le prochain hymne républicain.

La nécessaire simplification du réel

Les débats autour de l'appropriation culturelle sont violents, puisqu'ils obligent à conclure par une position de principe. Soit toute appropriation culturelle reconduit nécessairement la domination socio-économique qui la rend possible – apparaît déjà une génération qui pense que c'est Miley Cyrus qui a inventé le twerk. Soit elle rend possible une égalité entre les groupes culturels. L'écrivain d'origine pakistanaise Kamila Shamsie explique ainsi que l'appropriation n'est pas condamnable en soi : « *Dès lors que vous dites qu'un homme américain ne peut pas écrire à propos d'une femme pakistanaise, vous dites : "N'écrivez pas ces histoires." Pire, vous dites : "En tant qu'homme américain, vous ne pouvez pas comprendre une femme pakistanaise. Elle est énigmatique, inscrutable, inconnaissable. Elle est autre. Renvoyez-la elle et sa nation à son altérité. Rayez-les de votre histoire ".*[11] » Pour Kamila Shamsie, la qualité de l'écriture est donc déterminante. C'est elle qui préserve ou non des stéréotypes.

Les éléments culturels et les justifications de leurs appropriations sont si variés qu'on pourrait choisir la prudence et conclure qu'il n'existe pas de bonne ou de mauvaise appropriation culturelle *a priori*. Ce qui n'est pas une façon de clore le débat mais au contraire de l'ouvrir en restant attentif à l'histoire de ces cultures. Mais un principe s'impose : on ne peut plus soutenir qu'il faut laisser « *les peintres et les écrivains et les musiciens voler des deux mains tout ce qu'ils trouvent utile, où qu'ils le trouvent*[12] ». La critique antiappropriationniste considère à tort que les cultures sont des ensembles homogènes. Mais n'est-ce pas le propre de toute culture de construire les critères de sa propre authenticité ? Ce sentiment du « *eux et nous* » que décrit Richard Hoggart est crucial pour la culture populaire[13]. Dans la culture hip-hop, cette sanctuarisation s'opère à partir de la *street credibility* et de l'expérience de l'oppression ; la culture *queer* établit une frontière entre le monde straight et le monde gay, et invente une esthétique *camp* pour se reconnaître entre soi, etc. On ne peut pas demander à une culture de s'ouvrir sans lui laisser sa libre capacité à se définir.

1. http://urlz.fr/3oew.
2. L. McNeil et G. McCain, *Please Kill Me. L'Histoire non censurée du punk racontée par ses acteurs*, Allia, Paris, 2006, p. 64.
3. Un autre livre souvent cité, mais postérieur – G. Tate, *Everything but the Burden. What White People Are Taking from Black Culture*, 2003 – a joué un rôle non négligeable, notamment en se concentrant sur le hip-hop.
4. Entretien avec Marci Blackman, Shola Lynch et Janet Mock à la New School For Liberal Arts de New York le 6 mai 2014.
5. Voir le site du *Huffington Post*, http://urlz.fr/3oCD.
6. Voir, sur Slate.fr, http://urlz.fr/3oCJ.
7. http://urlz.fr/3oCL.
8. Voir, sur le site du *New York Times*, http://urlz.fr/3oDL.
9. Richard A. Rogers, « From cultural exchange to transculturation. A review and reconceptualization of cultural appropriation », *Communication Theory*, 16, 2006.
10. Pour résumer, Eminem serait éligible aux conditions de l'échange culturel, puisqu'il vient d'un milieu populaire. Mais Macklemore, le rappeur blanc qui connaît un énorme succès depuis 2013, est venu au rap au contraire par la prise de conscience de ses propres privilèges. Il ne devrait pas pouvoir rapper. Il est d'ailleurs l'auteur d'une chanson, « White Privilege », qui se nourrit de cette contradiction : « *maintenant bouge la tête et réveille-toi / je vois tellement de gens autour de moi qui essaient d'être ce qu'ils ne sont pas / Mais moi-même je suis juste un autre mec blanc qui suis pris par ce mouvement / Quand je me rapproche du micro, est-ce que le hip-hop se rapproche de sa fin ?* »
11. https://www.guernicamag.com/features/shamsie_02_01_2012.
12. R. G. Collingwood, *The Principles of Art* (1938), cité par J. O. Young dans *Cultural Appropriation and the Arts*, Blackwell, 2008, p. 158.
13. R. Hoggart, *La Culture du pauvre*, Minuit, Paris, 1970, p. 117.

L'INSURRECTION QUI REVIENT

Les influences visibles du Comité invisible

PAR UGO PALHETA

Depuis une quinzaine d'années, la France a vu se développer un courant qualifié d'« autonome », dont les écrits de Tiqqun et du Comité invisible sont emblématiques. Ils ont marqué de leur empreinte toute une série de luttes, du mouvement anti-CPE aux combats contre l'enfermement des sans-papiers, des dénonciations des bavures policières à l'opposition aux « grands projets inutiles ». Ils jouent dans les mouvements sociaux actuels un rôle important et se diffusent au-delà des cercles de la gauche radicale, où l'on est de moins en moins enclin à les traiter par l'ignorance ou le mépris. Le climat de défiance envers la politique politicienne est propice à la réception de cette « antipolitique », ni anarchiste ni libertaire, qui refuse aussi bien l'organisation en parti que la question stratégique de la « transition », et renouvelle le lexique et l'imaginaire de la contestation.

Au sein de franges croissantes de la population, l'esprit du temps est au refus de la politique professionnalisée et institutionnelle. Le mouvement social contre la loi Valls/El Khomri, dans lequel se nouent les espoirs de la jeunesse et la colère des salariés, a donné naissance à des occupations de places (sous le label « Nuit debout »), à Paris d'abord puis dans plusieurs villes de France : Lyon, Toulouse, Nantes, Rennes, etc. Il ne fait aucun doute qu'ils expriment de multiples manières une dimension substantielle de la situation sociale et politique : non simplement un refus de l'organisation capitaliste de la vie, mais également une aspiration à faire du neuf, qui met en doute et en cause les médiations traditionnelles de la contestation sociale (syndicats et partis).

Dans ce qui se cherche et se coalise actuellement, on peut distinguer schématiquement deux orientations distinctes, voire opposées. La première est *grosso modo* celle qu'a exprimée le philosophe et économiste Frédéric Lordon le 3 avril sur la place de la République, proposant à l'assemblée générale d'« *établir en miniature un tableau de la France en état de révolte* » et d'écrire « *une constitution de la république sociale,* [...]

pour nous libérer de la propriété privée du capital». Il s'agirait donc d'inventer une nouvelle forme politique, résolument anticapitaliste, et de favoriser une appropriation populaire de la chose publique, à distance des organisations existantes et des institutions politiques. Une seconde orientation, plus souterraine, consisterait à impulser et prolonger à l'infini un «*processus destituant*», comme l'ont avancé Julien Coupat et Éric Hazan dans *Libération* en Janvier 2016: «*Non pas une prise d'assaut, mais un mouvement de soustraction continu, la destruction attentive, douce et méthodique de toute politique qui plane au-dessus du monde sensible.*»

Aux marges de la gauche radicale

Contrairement aux gauchismes post-68, cet activisme autonome aux marges du champ politique, du mouvement ouvrier traditionnel et de la gauche radicale ne s'est pas traduit par la construction d'une organisation révolutionnaire. Une telle perspective est d'ailleurs récusée par celles et ceux qui appartiennent *de facto* à ce qui apparaît davantage comme une «constellation [1]» que comme un courant politique structuré. Toute fixation organisationnelle serait en effet vouée, selon eux, à engendrer une pétrification bureaucratique des luttes et des rapports qui s'y nouent. Ils lui ont préféré la constitution progressive de réseaux de lieux de vie et de lutte, informels et mouvants, la diffusion d'un large répertoire de pratiques à distance de l'État ou en confrontation avec lui, mais aussi une production écrite foisonnante.

Au sein de cette dernière, c'est le livre du Comité invisible *L'insurrection qui vient* qui a reçu l'attention la plus importante: traduit dans de nombreuses langues, la version française de ce petit ouvrage s'est vendu à environ 60 000 exemplaires depuis sa parution en 2007 – alors même qu'il est intégralement disponible sur Internet. Publiée en 2014, sa «suite», *À nos amis*, a également connu un réel succès de librairie (22 000 ventes à ce jour), de même que *Premières mesures révolutionnaires*, publié en 2013 par Éric Hazan et Kamo (environ 10 000 exemplaires vendus). Mais les chiffres de ventes ne donnent jamais qu'une idée appauvrie de l'audience acquise par un livre ou un courant intellectuel; ils ne disent rien de l'intensité des affects, politiques ou éthiques, qu'ils ont suscités, ni de l'écho qu'ils ont reçu. Il est ainsi frappant de constater l'«air de famille» qui unit les livres du Comité invisible et les textes diffusés – parfois sous forme de tracts et/ou sur le site lundimatin – dans le cadre du mouvement lycéen et étudiant contre la loi El Khomri, mais aussi dans l'intervention à Paris du Mouvement inter luttes indépendant (MILI).

> **IL EST FRAPPANT DE CONSTATER L'«*AIR DE FAMILLE*» QUI UNIT LES LIVRES DU COMITÉ INVISIBLE ET LES TEXTES DIFFUSÉS DANS LE CADRE DU MOUVEMENT LYCÉEN ET ÉTUDIANT CONTRE LA LOI EL KHOMRI.**

Qu'en est-il dans les organisations politiques, au moins en France? Si les principaux partis qui composent le Front de gauche – PCF et PG – sont demeurés largement hermétiques à ces écrits, d'autres courants y ont été plus attentifs, en particulier au sein de la gauche des Verts, à partir de la critique écologique du capitalisme et d'une défiance à l'égard du marxisme, assimilé au productivisme soviétique. Certains penseurs – tels qu'André Gorz, Ivan Illich ou Jacques Ellul – ont pu ainsi faire des ponts entre les conceptions développées par le Comité invisible et les militants les plus attachés à une vision « par en bas » de l'écologie. L'un des membres du « groupe de Tarnac », Benjamin Rosoux, est d'ailleurs passé par le mouvement de jeunesse des Verts avant de faire l'expérience d'un squat à Rennes, de se lier avec Julien Coupat et de s'installer dans le village du Limousin, devenant le cogérant de l'épicerie fondée par le groupe et élu conseiller municipal aux dernières élections.

La référence au Comité invisible se retrouve également dans le mouvement pour la justice climatique. Juliette Rousseau, militante et coordinatrice de la Coalition Climat 21, nous explique ainsi avoir lu plusieurs fois *À nos amis* et décrit cette lecture comme une « *rencontre esthétique* » particulièrement marquante. De même se reconnaît-elle non seulement dans ce qu'elle nomme la « *fascination pour le moment insurrectionnel* » et dans l'idée d'un « *processus destituant* ». Au sein de l'extrême gauche, c'est du côté du NPA et d'Alternative libertaire que des militants ont pu prêter attention aux écrits du Comité invisible, malgré des divergences parfois fortes sur un plan théorique et dans le cadre des mouvements étudiants des années 2000. Olivier Besancenot nous dit ainsi admirer leur talent d'écriture et voir dans leur capacité à proposer des initiatives pour l'« *ici-et-maintenant* » une raison de leur succès, tout en pointant un certain « *élitisme* » et ce qui, selon lui, constitue le principal angle mort de ce courant : la question (démocratique) de l'appropriation populaire du politique.

Les écrits du Comité invisible ont pu également trouver un écho au niveau international, par exemple dans certains réseaux militants en Grèce (Rubikonas, Apatris) ou en Espagne, même si d'autres références intellectuelles plus classiques paraissent avoir limité ou bloqué leur audience : John Holloway, Toni Negri ou Cornelius Castoriadis. On peut également discerner des influences, diffuses ou directes, aux États-Unis. Jason E. Smith, spécialiste de la pensée politique post-68, voit ainsi dans la radicalité d'Occupy Oakland un effet à rebours de la diffusion de *L'insurrection qui vient*, au point que le livre a pu constituer un point de référence durant les mouvements de protestation et d'occupation sur différents campus universitaires en Californie en 2009-2010 – suscités par une augmentation des frais de scolarité. Il évoque également des groupes qui ont été influencés par les écrits de Tiqqun et du Comité invisible, tels le collectif queer LIES mais aussi la revue *Endnotes*, influente dans les milieux radicaux anglophones, même si cette dernière s'est explicitement distinguée de la mouvance dont il est question ici pour se tourner vers un marxisme sophistiqué.

Mais s'il y a intérêt à s'arrêter spécifiquement sur ce corpus d'idées, c'est sans doute pour l'essentiel qu'il imprègne les individus qui s'engagent et se politisent actuellement dans les luttes contre le capitalisme, la répression étatique, la destruction de la planète ou l'extrême droite, bien au-delà des seuls activistes composant la constellation « autonome », et *a fortiori* des « insurrectionnalistes » ou « appelistes » – du nom de l'« Appel », diffusé anonymement en 2004 – qui n'en représentent qu'une minorité. Ce corpus fonctionne d'abord comme imaginaire et comme langage, dans lequel se pense et se dit la politique radicale à l'âge du capitalisme néolibéral, et dont l'une des moindres vertus n'est pas d'échapper à la langue plombée et aux slogans routiniers du mouvement ouvrier traditionnel. Il peut aussi être saisi comme une philosophie spontanée des nouvelles formes de contestation radicale, fournissant des réponses à la question des modes d'organisation et des pratiques de lutte, mais aussi aux énigmes de la persistance du capitalisme et de l'échec des révolutions du XXe et du début du XXIe siècle.

Le succès de ces textes et ouvrages ne saurait être réduit à la publicité, bruyante et policière, dont *L'insurrection qui vient* a paradoxalement bénéficié dans les médias dominants – jusqu'aux États-Unis. Cette médiatisation est en bonne partie liée à la répression étatique et à la campagne médiatique qui ont conjointement ciblé ledit « groupe de Tarnac » (assimilé au Comité invisible et ramené à la figure de Julien Coupat). Érigés en menace terroriste par le gouvernement de l'époque, certains des membres de ce groupe ont été incarcérés durant plusieurs mois sur la foi d'un témoignage, dont il s'est avéré plus tard qu'il avait été falsifié à la hâte, et au prétexte d'un passage de *L'insurrection qui vient* plaidant pour des actions de sabotage.

Les plumes réactionnaires n'ont voulu voir dans le succès de *L'insurrection qui vient* que l'expression éphémère d'une radicalité vide, appelée à se dissoudre à mesure que la « crise » se résorberait. Mais, comme on peut le lire dans *À nos amis*, « *la crise présente* » étant « *fin sans fin, apocalypse durable, suspension indéfinie* », et les mouvements de contestation radicale n'ayant nullement désarmé, il y a évidemment plus et mieux à dire quant au développement en France de cette mouvance. Cela suppose en particulier d'en refuser la réduction à un simple effet de mode, dont le (relatif) succès serait nécessairement passager. Cela ne manquerait pas d'écraser les traits neufs de ce courant, qui a su proposer une synthèse théorique nouvelle, dont les ramifications intellectuelles doivent essentiellement être cherchées du côté des situationnistes, de Giorgio Agamben, de Michel Foucault (notamment à travers ses textes sur le biopouvoir et la « gouvernementalité »), ou encore du post-opéraïsme italien.

Des mouvements de masse à l'impuissance politique

On ne saurait comprendre l'audience acquise par les textes de Tiqqun, du Comité invisible ou d'Éric Hazan sans évoquer la réouverture, dans la période récente, du chapitre des soulèvements populaires, que les prophètes de la « fin de l'histoire » s'étaient empressés de clore alors que s'effondraient les dictatures bureaucratiques composant le bloc de l'Est. Toutefois, aucun des processus amorcés depuis 2008, de l'Égypte à la Tunisie en passant par la Grèce ou la Syrie, n'est pour l'instant parvenu

CE COURANT A SU PROPOSER UNE SYNTHÈSE THÉORIQUE NOUVELLE, ENTRE LES SITUATIONNISTES, GIORGIO AGAMBEN, MICHEL FOUCAULT, OU ENCORE LE POSTOPÉRAÏSME ITALIEN.

à engager une rupture avec le cours néolibéral du monde et *a fortiori* à briser les dispositifs de pouvoir qui assurent la soumission du plus grand nombre. « *Rarement on aura vu comme ces dernières années, en un laps de temps si ramassé, tant de sièges du pouvoir officiel pris d'assaut* [...]. *Mais quelque grands que soient les désordres sous le ciel, la révolution semble partout s'étrangler au stade de l'émeute* » (*À nos amis*, p. 12).

Comment expliquer ces défaites à répétition ? À cette question, l'extrême gauche répond généralement par l'absence d'un parti révolutionnaire, et le Comité invisible n'est pas loin de se résoudre à une telle réponse. Admettant qu'un soulèvement populaire ne peut se muer en crise révolutionnaire, et surmonter les obstacles immenses qui lui sont opposés, sans qu'émerge une force organisée capable de rendre irréversible le nouveau cours, le Comité invisible déplace le problème : pourquoi de telles forces révolutionnaires n'ont pas jailli des processus en question ? Il est vrai que, vu de la France de 2016, la question paraît d'une moindre actualité, tant la colère populaire semble ne parvenir à s'exprimer qu'à travers une défiance généralisée à l'égard de « la politique ». Rien n'interdit pourtant de penser qu'elle pourrait se muer en révolte ouverte dans les mois ou années à venir, en raison de la brutalité des attaques gouvernementales contre les intérêts et les droits du plus grand nombre. Reste que, dans l'immédiat, l'histoire semble bégayer, coincée entre l'enclume d'un pouvoir « socialiste » dont la dérive à droite ne connaît plus de limites, et le marteau d'un Front national aussi omniprésent médiatiquement qu'habile politiquement.

Aux succès, au caractère massif et à la radicalité des mobilisations de 2005-2006 contre le traité de Constitution européenne (TCE) puis contre le Contrat première embauche (CPE), auxquelles il faudrait ajouter la révolte des quartiers populaires à l'automne 2005, a succédé un chapelet de défaites sociales : cheminots en 2007, étudiants en 2007 et 2009, nombreuses luttes ouvrières contre les licenciements, mouvement syndical dans son ensemble en 2010. Ces défaites ont accumulé les frustrations politiques et créé un terrain favorable à l'accroissement de l'audience intellectuelle et politique des réseaux autonomes, notamment dans certaines franges de la jeunesse cherchant les voies d'une rupture avec le capitalisme. Leurs succès relatifs traduisent donc à la fois la radicalisation des mouvements de masse de la première moitié des années 2000 et le verrouillage de la situation politique, liée en partie à l'incapacité de la gauche radicale à condenser politiquement l'expérience contestataire qui a marqué la période 1995-2010.

Les tentatives de construction d'une nouvelle force politique n'ont pourtant pas manqué dans la dernière décennie, mais toutes se sont soldées par des échecs, qu'il s'agisse des collectifs unitaires pour le « non » au TCE en 2005-2006, puis du NPA, et enfin du Front de gauche à partir de 2009. C'est bien la conjonction d'une vaste défaite sociale et d'un échec proprement politique qui a ouvert une conjoncture de recul. En Grèce et en Espagne, des forces politiques se sont développées (Syriza) ou ont émergé (Podemos), cristallisant politiquement les contestations et les espoirs nés sur le terrain des mobilisations sociales – succession de grèves générales et expériences d'auto-organisation d'un côté, occupations massives de places et «*mareas*» dans le second –, sans qu'évidemment soit garantie la rupture avec la cage d'acier néolibérale (comme l'a montré la «capitulation» de la direction de Syriza en juillet 2015).

Si l'émergence des pratiques et des pensées «autonomes» ne saurait être comprise sans prendre au sérieux les traits spécifiques de notre époque, en particulier l'épuisement et l'intégration croissante à l'État des principales organisations de gauche et de pans entiers du mouvement syndical, l'accroissement de leur audience dans les dernières années, en particulier en France, tient sans doute au fait qu'il est le produit ambivalent d'un cycle de radicalisation mais aussi de l'échec à faire émerger une force politique nouvelle. Cette situation est redoublée par l'incapacité de toutes les organisations de gauche à répondre à des questions aussi décisives qu'épineuses: comment assumer la défaite des projets d'émancipation au XXe siècle pour en faire une base sur laquelle reconstruire? Qu'est-ce qui a échoué et qu'est-ce qui a été vaincu? En somme, par où (re)commencer?

Ces questions renvoient à la crise du projet stratégique dans laquelle se trouvent englués la gauche et les mouvements sociaux depuis les années 1980. Par leur élaboration théorique – largement inspirée d'Ernesto Laclau – et leur pratique politique, les leaders de Podemos ont avancé une réponse possible, réaffirmant la nécessité de la conquête du pouvoir politique comme préalable à tout processus de transformation sociale. Le Comité invisible – mais aussi Tiqqun antérieurement ou, plus récemment, Éric Hazan – propose des réponses alternatives et originales, constituant sans doute l'une des pointes intellectuellement les plus offensives des nouvelles contestations du capitalisme.

Une critique éthique du capitalisme

C'est avec Tiqqun que tout a commencé. Cette revue créée en 1999 était animée notamment par Julien Coupat, mais comptait également dans ses rangs l'artiste Fulvia Carnevale ou encore l'écrivain et traducteur Joël Gayraud. Proposant une «*métaphysique critique*» largement inspirée de Giorgio Agamben – qui se trouvait en lien direct avec les membres du groupe –, les textes qui composent les deux seuls numéros parus de la revue sont demeurés plus confidentiels, sans doute en raison de leur caractère plus énigmatique, que *L'insurrection qui vient*. Ils ont cependant reçu un réel écho, notamment manifesté par des traductions en anglais, allemand, espagnol, italien, portugais et russe. Même si certaines évolutions sont indéniables entre ce qu'il faut bien nommer la politique de Tiqqun, qui demeurait pour l'essentiel sur un plan intellectuel, et celle des milieux «appelistes», qui s'articule étroitement à des pratiques, ces textes ont l'avantage d'en livrer les fondements philosophiques.

L'une des prémisses théoriques de Tiqqun et du Comité invisible tient dans le constat d'une transformation profonde du capitalisme et du mode de domination qui lui est associé, décrite par Marx comme le passage de la subsomption formelle du travail sous le capital à la subsomption réelle. Durant cette phase, le capitalisme soumet à ses logiques propres, c'est-à-dire à la valorisation sans rime ni raison du capital, non plus seulement la production, mais l'ensemble des sphères d'activité, des relations sociales, des subjectivités et *in fine* de la vie. Ce passage est essentiellement pensé par Tiqqun et le Comité invisible dans les termes foucaldiens d'une transition de la « discipline » à la « gouvernementalité », de la contrainte à l'autocontrainte, de la politique à la biopolitique. Le capitalisme ayant fait l'expérience de ses limites à enrôler la force de travail dans les années 1970, c'est à une reconfiguration inséparablement politique et économique, mais aussi technologique et éthique, qu'il s'est livré dès les années 1970, bien au-delà des seuls lieux de travail.

Tiqqun et le Comité invisible ne se contentent donc pas de décrire une transformation des modes de gestion de la main-d'œuvre, mais cherchent à tirer toutes les conséquences de la diffusion d'un ensemble de dispositifs de savoir-pouvoir signant l'achèvement du processus d'atomisation des individus, d'étatisation des subjectivités et de privatisation du monde. Cette dernière n'est pas entendue comme la somme d'actes juridiques faisant passer des biens publics dans le domaine privé, mais comme double mouvement d'extension universelle d'un rapport « privé » au monde *et* de socialisation de l'intime par intrusion de la logique marchande, au terme duquel chaque individu se fait capital – l'économie dominante ne parle-t-elle pas à l'envi de « capital humain » ? – en devenant sujet de la séparation généralisée et d'une autovalorisation sans fin.

LES SAVOIRS-POUVOIRS ACTUELS AURAIENT PRIS DANS LEURS RETS TOUTES LES DIMENSIONS DE L'EXISTENCE.

Ces savoirs-pouvoirs auraient pris dans leurs rets toutes les dimensions de l'existence, atrophiant les capacités sensibles et rognant l'autonomie politique des sujets vis-à-vis de l'« *Empire* ». Ce dernier n'est pas pensé comme une instance de pouvoir surplombant toutes les autres et les soumettant à un joug planétaire, autrement dit un super-État susceptible d'une offensive en tant que telle, ni comme un régime politique particulier – tyrannie ou démocratie, république ou monarchie. Il n'a ni dehors ni dedans, étant partout déjà-présent, et d'abord en chacun de nous. L'Empire renvoie ainsi à une forme inédite de domination fondée sur l'agencement mobile et ubiquitaire des dispositifs sociotechniques de pouvoir, disséminés dans la texture même de la vie et assurant la neutralisation des corps aussi bien que l'anéantissement des esprits.

Aux « *communautés organiques* » dévastées par les logiques marchandes aurait donc succédé une juxtaposition de monades dépouillées de toute consistance éthique aussi bien que de substance politique : des « Bloom » dans le langage théorique de Tiqqun, empruntant ici à l'*Ulysse* de James Joyce le nom de son antihéros. La critique du capitalisme revient dès lors en bonne partie au récit de la manière dont ces « Bloom » s'avèrent complices de la gestion éthico-policière qui les cible et dont sont ainsi étouffées toutes les « *formes-de-vie* » qui contreviennent au règne de la marchandise et à la normalisation des conduites. Cet établissement de la critique sur le terrain éthique, qui traduit la préoccupation d'enraciner l'anticapitalisme dans une critique de la vie quotidienne et de l'enrôlement capitaliste des affects, est revendiqué comme une innovation théorique décisive pour la pensée révolutionnaire.

CET ÉTABLISSEMENT DE LA CRITIQUE DU CAPITALISME SUR LE TERRAIN ÉTHIQUE EST REVENDIQUÉ COMME UNE INNOVATION THÉORIQUE DÉCISIVE POUR LA PENSÉE RÉVOLUTIONNAIRE.

À partir de telles prémisses, toute recherche d'un sujet historique et collectif de l'émancipation devient sans objet. D'ailleurs, la « *décomposition de toutes les formes sociales* » ayant engagé rien de moins qu'une « *dissolution de toutes les classes sociales* », la théorisation en termes de classes, dont l'antagonisme résulterait de leurs positions respectives dans les rapports de production, ne peut qu'être récusée dans son projet même. Les « Bloom » ne sont ni bourgeois ni prolétaires, ni stables ni précaires, ni hommes ni femmes, ni blancs ni non blancs ; ils composent, comme il est écrit dans *L'insurrection qui vient*, une « *non-classe* », une « *gélatine sociale composée de la masse de ceux qui voudraient simplement passer leur petite vie privée à l'écart de l'Histoire et de ses tumultes* ».

La lutte des classes aurait donc cédé la place à une « *bloomification universelle* » débouchant sur « *un monde d'esclaves sans maîtres* ». Or, dans cette nuit « *bloomesque* », tous les petits bourgeois sont gris, inégalement misérables mais identiquement stériles, d'un point de vue sensible et politique. En cohérence avec la décision principielle de se maintenir sur le terrain éthique, le petit bourgeois n'est jamais défini par Tiqqun et le Comité invisible à partir d'une position d'entre-deux entre bourgeoisie et prolétariat, encore moins par une position dans les rapports de propriété et de pouvoir, mais par une certaine « *disposition* » consistant dans ce que l'« Appel » nomme « *libéralisme existentiel* » – « *un rapport au monde fondé sur l'idée que chacun a sa vie* » – et dans le refus de prendre position et d'agir, d'un côté ou de l'autre, dans la « *guerre en cours* ».

La ligne de front passe donc non entre telle et telle classe, mais « *au beau milieu du Bloom* ». C'est à lui qu'il revient de décider – sur la base de son impropriété originaire – de son devenir : un devenir-petit bourgeois – voué à la neutralité politique, à l'inconsistance éthique et à l'autoréification –, ou un devenir-plèbe, irrémédiablement rétif au biopouvoir, faisant sécession du Capital et s'organisant pour instaurer dès à présent le communisme.

Le communisme, le Parti, l'insurrection

Parvenu à ce point d'élaboration critique, comment penser et la révolution et le communisme ? Le geste théorique de Tiqqun et du

Comité invisible peut ici être conçu comme une interprétation hérétique de l'affirmation de Marx et Engels selon laquelle « *le communisme n'est pas un état de choses qu'il convient d'établir, un idéal auquel la réalité devra se conformer* », mais « *le mouvement réel qui abolit l'état actuel des choses* ». La plupart des courants marxistes ont tiré de ce passage l'impératif de partir des luttes telles qu'elles sont pour populariser en leur sein et à partir d'elles des exigences irréconciliables avec la société capitaliste ainsi qu'un projet communiste. À l'opposé, les « appelistes » envisagent le communisme et son édification comme une tâche immédiate, refusant ainsi toute démarche transitoire, toute revendication et toute conception du communisme en termes de projet, de vision ou d'idéal, en somme de programme.

Démarche transitoire et conception programmatique du communisme constitueraient ainsi une double ruse permettant de suspendre indéfiniment l'œuvre de construction du communisme. Car celui-ci « *est à tout moment possible* », ne désignant ni « *une autre façon de distribuer les richesses, d'organiser la production, de gérer la société* », ni « *l'extinction de toute conflictualité,* [il] *ne décrit pas un état final de la société après quoi tout est dit* ». Il se présente, selon Tiqqun et le Comité invisible, comme « *disposition éthique* » – « *disposition à partager ce qui est commun* » –, et sa construction suppose « *un ensemble d'actes de communisation, de mise en commun de tel ou tel espace, tel ou tel engin, tel ou tel savoir* » ainsi que « *l'élaboration du mode de partage qui leur est attaché* ». C'est cette expérimentation, sans préalable ni transition et mettant à profit « *la décomposition de toutes les formes sociales* », qu'il s'agit selon eux d'opposer au capitalisme et à l'Empire, non un programme qui supposerait de conquérir le pouvoir politique et de substituer des rapports de production à d'autres rapports de production.

Une conception de l'insurrection en découle, non plus à la manière léniniste comme assaut du pouvoir d'État succédant à une période chaotique de dualité de pouvoirs, durant laquelle le pouvoir populaire en vient à assumer des tâches de coordination ordinairement dévolues à l'État, mais comme « *un accélérateur, un moment décisif dans ce processus* [de communisation] ». L'insurrection n'est donc qu'une séquence particulière dans la « *guerre en cours* » menée par l'Empire contre les « *formes-de-vie* » exprimant une sécession, individuelle et collective, par rapport à la facticité des rôles et des relations caractéristiques du capitalisme tardif. Se donner comme objectif l'État, même à des fins de destruction, ne pourrait que reconduire une mentalité étatique, avec sa direction et sa bureaucratie, son armée et ses chefs, ses hiérarchies et ses règles.

C'est pourquoi, si Tiqqun et le Comité invisible évoquent à de nombreuses reprises le Parti – baptisé ironiquement « *Parti imaginaire* » –, celui-ci a bien peu à voir avec le Parti-éducateur typique de la IIe Internationale, devant préparer le prolétariat à l'exercice du pouvoir, ou avec le Parti-stratège de la tradition léniniste, appelé à diriger la révolution. Ces deux formes distinctes seraient unies par une même tare : se définir, au nom de l'efficacité, non simplement en opposition mais en homologie avec l'État qu'ils prétendent dépasser ou détruire, reproduisant ainsi et sa structure et son fonctionnement. Et si un parti est, selon Tiqqun, nécessaire pour que la révolution soit rendue irréversible, ce n'est pas en tant que porteur d'un projet de société alternative faisant de lui une «*représentation politique*» des mouvements sociaux et des classes subalternes, mais en tant que «*puissance matérielle commune*» ou encore comme «*constitution en force d'une sensibilité*», permettant de dépasser les oppositions stérilisantes entre vivre et lutter, spontanéité et organisation.

Se pose donc la question des «*formes d'apparition*» et de la stratégie révolutionnaire de ce Parti imaginaire. Sortir du cercle vicieux du fétichisme (marchand et organisationnel) suppose de définir cette «*puissance commune*» par soustraction au règne de la marchandise, comme support et véhicule d'une «*désertion*» permettant d'accueillir celles et ceux qui se refusent à «jouer le jeu» et de généraliser une telle fuite. «*Construire le Parti*», c'est alors faire en sorte que cette sécession ne débouche pas invariablement sur l'isolement et qu'aux communautés factices puisse être opposé autre chose qu'une solitude indifférente ou un désespoir cynique. Le Parti désigne donc en premier lieu l'infrastructure matérielle et idéelle, le tissu éthique et politique permettant d'accroître les capacités d'auto-organisation de celles et ceux qui désertent et qui ne sauraient compter éternellement sur le pillage et la «débrouille» pour survivre sans se soumettre à nouveau au joug du Capital, autrement dit sans s'obliger au travail salarié.

Mais s'il s'agit de se constituer en «*communes*», de former des «*noyaux denses et réduits*» fonctionnant comme «*zones d'opacité offensive*» – opposés aux «*réseaux vastes et lâches*» des organisations qui prétendent «s'élargir» pour mieux «*fuir ceux qui sont déjà là*» –, ce n'est pas seulement pour vivre dès maintenant le communisme et pour «*tenir ensemble*», en tissant les solidarités nécessaires. C'est également afin de façonner la base matérielle autorisant le déploiement d'une stratégie et le lancement d'offensives ciblées. Car à la stratégie traditionnelle des partis de gauche et d'extrême gauche consistant à formuler des revendications et à avancer un programme, à partir desquels il s'agit ensuite d'agréger une large collection d'individus, Tiqqun et le Comité invisible substituent une démarche visant à favoriser, par l'action directe, le blocage des infrastructures permettant la circulation de marchandises, d'énergie, d'informations, de personnes, etc.

Cette stratégie s'autorise de la thèse selon laquelle c'est dans «*l'organisation matérielle, technologique, physique de ce monde*» que résiderait à présent le pouvoir – et non dans les institutions politiques ou à travers la propriété lucrative. Or pour bloquer les flux (de personnes et de marchandises), nul besoin d'occuper une position particulière dans les rapports de production, ce qui fondait la primauté stratégique du prolétariat dans la théorie marxiste, comme sujet collectif ayant seul la capacité – en particulier par la grève – d'enrayer la machinerie capitaliste pour peu qu'il prenne conscience de sa force en tant que classe. Le sujet du blocage n'est pas une classe particulière mais l'ensemble de celles et ceux que rassemblent un même dégoût devant la désolation capitaliste et une volonté commune de lui survivre.

Contradictions et pouvoir

Ce caractère quelconque et anonyme de celles et ceux qui prennent «*parti contre la présente organisation du monde*», non en raison d'une indignation morale ou politique devant les effets les plus destructeurs du capitalisme mais au nom de «*formes-de-vie*» leur valant l'hostilité définitive de l'Empire, nous ramène à notre point de départ: celui d'une critique éthique du capitalisme tardif, conçue comme le seul terrain sur lequel rebâtir une sensibilité et une stratégie révolutionnaires. C'est fondamentalement cette division éthique qui constituerait le véritable principe de séparation entre les non-individus englués dans l'aliénation «*bloomesque*», et les membres du Parti imaginaire ayant décidé de soustraire leur existence et leurs désirs à l'ordre capitaliste.

Daniel Bensaïd note avec justesse le «*superbe mépris social envers ce peuple de travailleurs, de consommateurs, de spectateurs, de "Bloom" qui, "ayant le choix", se complaît dans la servitude*[2]». Mais il faut aller plus loin et se demander si une critique éthique du capitalisme n'est pas destinée, paradoxalement, à sombrer dans les impasses d'une politique pure, non au sens du refus de tout compromis tactique dans la lutte révolutionnaire, mais en tant qu'elle suppose une opération de purification des contradictions inhérentes à la société capitaliste. C'est notamment sur ce point qu'insiste Bruno Bosteels dans un texte sur les «gauchismes» français postérieurs à Mai 68. Parmi les aboutissements les plus contestables du «gauchisme», il signale ainsi le «*déni total des contradictions antagoniques*» (exploitation capitaliste, oppression des femmes, domination raciste, etc.), mais aussi «*la reconnaissance jubilatoire d'un hyper-antagonisme élevé à la puissance d'une expérience grandiose, presque mystique, de la dualité*»[3].

DANIEL BENSAÏD NOTE AVEC JUSTESSE LE « *SUPERBE MÉPRIS SOCIAL ENVERS CE PEUPLE [...] DE "BLOOMS" QUI, "AYANT LE CHOIX", SE COMPLAÎT DANS LA SERVITUDE* ».

On ne saurait mieux dire l'impasse théorique et pratique dans laquelle on ne peut manquer de s'enfermer en assimilant la subsomption réelle du travail sous le capital à la toute-puissance des mécanismes d'aliénation politique et affective, et en cherchant à maintenir sur le terrain éthique la critique et l'opposition que suscite le capitalisme. Si l'efficacité de ces mécanismes s'est sans doute accrue dans les quarante dernières années – raffinement des techniques de gestion de la main-d'œuvre, emprise croissante des médias capitalistes de masse, insinuation dans la texture de la vie même des désirs capitalistes, etc. –, Alberto Toscano a sans doute raison d'affirmer que «*l'idée d'une subsomption totale est exagérément dystopique et métaphysique*[4]». On pourrait en dire de même du concept d'«Empire», qui a en outre le défaut d'écraser la variété des structures d'exploitation et des mécanismes d'aliénation, mais aussi de minorer les résistances au cours capitaliste du monde: éparses ou globales, individuelles ou collectives, sociales ou politiques.

Un tel parti pris théorique interdit en outre toute analyse précise du capitalisme contemporain, de ses transformations et de ses crises, et ne permet guère de poser les questions suivantes : comment la crise du système capitaliste se déploie-t-elle dans des configurations nationales spécifiques ? Comment les classes dominantes, organisées du niveau le plus local au niveau international, tentent-elles d'en amortir les effets politiques pour éviter que n'éclate brutalement, sous la forme d'une crise révolutionnaire, l'ensemble des antagonismes sociaux ? Sous quelles conditions concrètes les révolutionnaires peuvent-ils ouvrir des brèches dans l'hégémonie du capital ? Le concept d'Empire s'avère d'un maniement pour le moins difficile, empêchant de penser les rapports de force spécifiques à chaque pays et les « possibles latéraux » que recèle telle ou telle conjoncture politique.

Cette difficulté renvoie à un point aveugle concernant l'État et la lutte politique. À insister sans nuance sur le passage d'une forme de pouvoir souverain – essentiellement organisé autour de l'État – à des formes diffuses et omnipotentes de biopouvoir, on peut en venir à méconnaître cette instance de totalisation politique, mais aussi de coordination économique et d'intervention répressive que demeure l'État. Congédier la centralité de ce dernier au profit d'un modèle panoptique du pouvoir aboutit ainsi, chez Tiqqun et le Comité invisible, à nier la nécessité de la lutte pour le pouvoir politique, en faisant du communisme une « *disposition éthique* » qui pourrait et devrait être mise en œuvre immédiatement – au double sens du terme.

EN RÉDUISANT LA RÉVOLUTION À SON PAROXYSME INSURRECTIONNEL, LE COMITÉ INVISIBLE MANQUE LA DOUBLE VÉRITÉ DE TOUTE CRISE RÉVOLUTIONNAIRE.

Une « *politique de l'opprimé* » – pour parler comme Daniel Bensaïd – peut-elle se contenter de se maintenir à distance de l'État ? « *Cette distance* » n'est-elle pas « *encore un rapport, et non une extériorité ou une indifférence absolues* » [5] ? Cela sans compter que l'État a le don de se rappeler aux opprimés et aux révolutionnaires de mille façons, à tel point que la perspective de penser et d'agir durablement à distance de l'État apparaît sans doute largement illusoire. Plus grave : une telle illusion amène à esquiver des questions aussi difficiles que lancinantes pour la gauche : que faire de l'État ? La rupture avec le pouvoir capitaliste équivaut-elle au refus de toute forme de pouvoir politique ? À quelles conditions un dépérissement des fonctions oppressives assumées par l'État devient-il possible ? Dans le contexte de la mondialisation capitaliste, quelle place la conquête du pouvoir politique peut-elle avoir dans un processus de transformation sociale radicale ?

Le problème de la transition

Ces questions renvoient toutes au problème de la « transition », autrement dit des formes d'avènement d'une société postcapitaliste, et l'on doit remarquer à quel point les contestations et les théories critiques contemporaines ont le plus grand mal à s'en saisir, tant l'époque demeure marquée par l'absence d'alternative politique au capitalisme néolibéral et d'expériences ayant permis de mettre à l'épreuve des hypothèses politiques de rupture.

Dans un livre intitulé *Premières mesures révolutionnaires*, Éric Hazan et Kamo ont tenté de proposer des pistes plus concrètes que celles avancées dans les écrits du Comité invisible ou de Tiqqun, en posant la question du lendemain de l'insurrection. Ils y insistent à plusieurs reprises sur la nécessité de se défaire de l'idée d'une «*période de transition [...] entre l'ancien régime et l'émancipation en actes*». Décréter la nécessité d'une telle période n'a-t-il pas constitué, dans de nombreux processus révolutionnaires, un moyen commode d'enrayer ces processus, de limiter l'activité et les exigences populaires au nom de jours plus propices – qui n'arrivent jamais? Généralement avancée par l'aile opportuniste du mouvement révolutionnaire, l'idée de transition nécessaire permet d'en appeler à un gouvernement provisoire sans lien avec le soulèvement populaire, pour mieux enterrer l'aspiration à une rupture avec l'ordre ancien.

Néanmoins, il ne dépend pas des seuls révolutionnaires de se débarrasser du problème de la transition. Initialement, l'idée de transition ne désigne pas simplement une manœuvre opportuniste visant le détournement du processus révolutionnaire, mais signale au moins trois problèmes épineux: celui des rapports de force parfois défavorables aux partisans de la révolution au cours même du processus révolutionnaire; celui de l'inertie des rapports capitalistes, aussi bien dans l'objectivité des formes de travail et d'échange que dans les subjectivités; et celui du contenu même de la transformation révolutionnaire.

En réduisant la révolution à son paroxysme insurrectionnel, les auteurs manquent la double vérité de toute crise révolutionnaire, comme irruption soudaine du peuple sur le terrain politique et comme processus de transformation concrète. Cela aboutit à une double insuffisance: d'une part, l'accent n'est pas mis sur le caractère chaotique de toutes les crises révolutionnaires, passant par des phases d'euphorie, mais aussi d'abattement, voire de régression, suivies de brusques remontées; d'autre part, le moment insurrectionnel n'est jamais pensé sérieusement en tant que tel, c'est-à-dire comme épreuve de force, avec les problèmes d'ordre politico-militaire que poserait une telle prise d'initiative dans les conditions actuelles (surarmement des appareils d'État, armée de métier, etc.).

Si les auteurs peuvent s'épargner le problème de la transition, c'est qu'ils se sont débarrassés préventivement – par décret théorique – de la question du pouvoir et de son devenir au cours du processus révolutionnaire, en postulant l'«*évaporation du pouvoir*», un «*écroulement de l'appareil de domination*», ou encore un «*évanouissement de l'appareil d'État*». Or, au vu des transformations des États capitalistes durant les trente dernières années, il semble que l'on ait plutôt assisté à leur renforcement autoritaire, notamment du point de vue des moyens de surveillance et de répression, si bien que l'idée d'une dissolution spontanée à venir des structures de pouvoir et de domination apparaît davantage comme un vœu pieux que comme une hypothèse plausible.

Une autre raison de cet escamotage du problème de la transition dérive du fait qu'Hazan et Kamo s'en tiennent à des réponses vagues et problématiques quant aux formes d'organisation et aux modes de décision qui pourraient émerger d'un processus révolutionnaire. Invoquant des «*groupes de travail*» formés sur la base du volontariat, qui auraient notamment pour tâche la résolution des problèmes hérités des sociétés capitalistes (le démantèlement de centrales nucléaires, par exemple), ils n'envisagent à aucun moment que ces groupes puissent être investis par des adversaires du cours nouveau et détournés de leur vocation. Par refus d'un parlementarisme bavard séparant délibération et exécution des décisions prises collectivement, les auteurs en viennent à refuser l'idée même de débats politiqucs ct pluralistes réguliers, à tous les niveaux pertinents, du local jusqu'à une échelle internationale, où s'affronteraient nécessairement différentes orientations au sein même du mouvement révolutionnaire.

L'insurrection victorieuse se bornerait donc à destituer toute forme de pouvoir politique sans prétendre en constituer un autre. Ce faisant, les auteurs esquivent la question des formes que pourrait prendre cette «démocratie réelle» revendiquée par le mouvement des Indignés en Espagne, s'épargnant le problème d'une appropriation populaire – donc d'une déprofessionnalisation – du politique. Qui, en effet, se sentirait appelé à venir «*volontairement*» grossir les rangs de ces «*groupes de travail*», sinon celles et ceux qui imaginent – sur tel ou tel sujet – avoir une compétence particulière, ceux que leur genre, leur origine sociale ou leurs diplômes disposent à se penser incontournables? Il est ainsi permis de douter que ces groupes de travail ne dégénèreront pas en règne des experts autoproclamés.

On en revient ainsi à l'un des problèmes fondamentaux pour toute révolution impliquant centralement les classes les plus opprimées: contrairement à la bourgeoisie au sein de la société féodale, le prolétariat n'est guère en capacité de bâtir dès maintenant les fondations d'un éventuel pouvoir prolétarien. Dès lors, comment de rien devenir tout? Deux réponses au moins ont été proposées à cette énigme. La première repose sur l'idée d'un saut dialectique à travers lequel le prolétariat s'érigerait au rang de sujet politique et de classe dominante au cours même du processus révolutionnaire, sur la base de sa capacité autonome d'action et d'organisation. La seconde est celle d'un communisme comme pure immanence, déjà présent dans les plis du capitalisme: dans une veine négriste sous la forme d'un communisme cognitif subvertissant d'ores et déjà les logiques capitalistes, ou chez Bernard Friot à travers ce qu'il nomme le «*déjà-là révolutionnaire*» des «*institutions du salariat*», dont il s'agirait simplement de généraliser et de radicaliser les acquis.

Récusant ces deux perspectives, Tiqqun et le Comité invisible proposent une voie différente: constituer, renforcer et coordonner des lieux inséparablement de vie et de lutte fondés sur une disposition éthique commune, mais tenter également de démontrer en acte l'inanité de ce que Guy Debord nommait l'«*organisation capitaliste de la vie*». Plusieurs questions demeurent toutefois: le catastrophisme prophétique de leurs analyses de la civilisation capitaliste ne condamne-t-il pas à une oscillation entre l'hypervolontarisme de minorités « éclairées » et un « passivisme » postulant l'effondrement imminent du système et l'« évanouissement » des structures de pouvoir ? L'opposition à toute forme réglée de délibération, et plus largement le refus de prendre au sérieux la question démocratique, ne favorisent-ils pas une conception outrageusement avant-gardiste de la transformation sociale et de l'émancipation ? Enfin, le désintérêt pour la question du pouvoir politique ne risque-t-il pas de conduire à une forme d'indifférentisme communautaire, réduisant le communisme à la construction immédiate d'enclaves (partiellement) libérées du capital mais à distance des luttes anticapitalistes ?

Penser une société libérée du règne de la marchandise, après l'échec des révolutions et des régimes se réclamant du socialisme, constitue sans doute l'un des défis intellectuels et politiques les plus ardus, et les plus brûlants, de notre époque. Les œuvres tardives de plusieurs théoriciens contemporains – Badiou, Negri, Rancière, Laclau, Bensaïd, etc. – peuvent d'ailleurs toutes être lues comme des tentatives de maintien de l'idée d'un devenir postcapitaliste, sinon communiste, de l'humanité. À ce titre, la pensée développée par Tiqqun et le Comité invisible ne constitue que l'une des formes de ce maintien, et il n'est guère étonnant qu'elle se soit élaborée et diffusée en France au cours d'un processus de remontée de luttes et d'une conscience anticapitaliste (1995-2006), enrayé en raison des défaites subies par les mouvements sociaux et de l'engluement de la gauche radicale.

Comme pour tous les auteurs cités plus haut, cette pensée a ainsi partie liée avec la défaite, et l'on pourrait même affirmer avec Bruno Bosteels que son charme spécifique résulte « *d'une intériorisation de la défaite, une intériorisation qui cherche en même temps à éviter le scénario de la repentance et de l'apostasie* ». Une tentation commode, car laissant intacts les conservatismes politiques et intellectuels, consisterait dès lors à balayer d'un revers de main, au nom de son caractère minoritaire et souvent minorisant, ce qui constitue à bien des égards l'un des nouveaux imaginaires de la contestation anticapitaliste. Or, au-delà des impasses stratégiques évoquées plus haut, il a au moins pour vertu de secouer le joug de certaines évidences, d'échapper à l'alternative du ressassement et du reniement, et d'inviter à donner un contenu renouvelé et désirable à la perspective d'une rupture avec le capitalisme, sans laquelle les résistances – aussi nombreuses et radicales soient-elles – ne peuvent que demeurer désarmées.

1. Voir Collectif Mauvaise Troupe, *Constellations. Trajectoires révolutionnaires du jeune XXIe siècle*, L'Éclat, Paris, 2014.
2. D. Bensaïd, *Le Spectacle, stade ultime du fétichisme de la marchandise*, Lignes, Paris, 2011, p. 20.
3. B. Bosteels, « L'hypothèse gauchiste : le communisme à l'âge de la terreur », *in* A. Badiou et S. Zizek (dir.), *L'Idée du communisme*, Lignes, Paris, 2010, p. 60.
4. A. Toscano, « Transition et tragédie », revueperiode.net, avril 2014.
5. D. Bensaïd, *Éloge de la politique profane*, Albin Michel, Paris, 2008, p. 349.

MIKHAEL SUBOTZKY

BEAUFORT WEST

par Jonny Steinberg, 2008

J'ai dû traverser Beaufort West en voiture une dizaine, voire une vingtaine, de fois avant de tomber sur les photos de Mikhael Subotzky ; mais je n'avais simplement jamais *vu* la ville. La prison au milieu du rond-point, le rond-point lui-même, de tout cela je n'avais aucun souvenir.

J'étais presque toujours seul au cours de ces périples. La plus longue autoroute d'Afrique du Sud, presque 2 000 kilomètres reliant les provinces du Nord à celles du Sud, passe exactement au milieu de Beaufort West, devenant sa rue principale pour un court moment. Ma voiture était l'une des quelques millions qui traversent la ville chaque année. Beaufort West était pour moi une interruption sale et miteuse, une brève absence de paysage, plutôt que la présence de quelque chose d'autre. Le rond-point, la prison, je ne les avais pas vus. Mon esprit se fermait de lui-même à l'entrée de la ville.

Et pourtant, quand j'ai vu ces photos la première fois, je les ai « reconnues » instantanément. Tout semblait parfaitement familier. Car ces photos expriment quelque chose que l'on comprend – même quand on choisit de l'oublier – à chaque fois que l'on traverse une petite ville rurale isolée en Afrique du Sud : que la campagne sud-africaine a perdu l'identité discrète qu'elle possédait autrefois ; qu'elle est devenue un espace de relégation pour les femmes, les hommes et les choses que les villes ne peuvent accueillir.

La campagne sud-africaine s'est vidée au cours des dernières décennies. Le nombre d'agriculteurs a décliné d'environ un tiers. Ceux qui restent ont de plus en plus mécanisé les tâches et emploient de moins en moins de main-d'œuvre. Quant aux ruraux pauvres, ils cherchent tous à partir pour la ville dès l'adolscence. Qu'ils aient l'accord de leur famille ou non, qu'ils soient seuls ou à plusieurs. Aujourd'hui, il est inhabituel d'atteindre l'âge adulte en ayant comme seul horizon le fait de passer le reste de sa vie à la campagne.

Du coup, les villes comme Beaufort West ne sont presque plus habitées que par de très jeunes gens, des vieux et ceux et celles qui n'ont pas réussi ailleurs. Ces derniers sont prisonniers d'une boucle sans fin, de la petite ville de campagne à la grande ville, de la grande ville à la petite ville de campagne. Passer le meilleur de sa vie adulte dans la campagne sud-africaine signifie, pour beaucoup, avoir perdu le contrôle sur ses projets. Ces photos témoignent ainsi d'un endroit où de trop nombreuses personnes ne possèdent pas la structure de base que l'on considère habituellement comme indispensable à une vie « habitable » : avoir un projet de vie, ou au moins pouvoir concevoir sa vie sous l'angle d'une progression ; l'idée que l'on doit léguer ou construire quelque chose qui vous survivra. Il n'y a pas si longtemps, la campagne sud-africaine accueillait nombre de ces vies « habitables ».

La fuite de ses habitants et la perte de son sens ont plus ou moins coïncidé avec la fin de l'Apartheid. Et ce n'est pas un hasard. L'économie rurale n'a pas été construite pour durer. L'illusion a toujours prévalu que l'Afrique du Sud noire pourrait être confinée éternellement dans une existence rurale, une illusion inventée par des gens qui ne s'inquiétaient pas de penser au-delà d'un horizon de quelques années. Que l'Apartheid ait légué à la démocratie un monde rural en profond, voire irréversible, déclin n'est pas surprenant.

On peut appréhender les problèmes de Beaufort West à travers l'abstraction statistique. Les deux tiers de ses habitants adultes sont au chômage. Et, dans cette ville de 37 000 habitants, plus de vingt personnes sont assassinées chaque année : un taux d'homicide terrifiant de 60 pour 100 000 habitants. C'est presque dix fois plus que New York, vingt fois que Londres, et une fois et demie que Johannesburg, qui compte parmi les villes les plus dangereuses du monde.

Ce qui nous ramène à la prison au centre du rond-point. L'idée même de cette prison perdue en plein milieu de l'autoroute la plus fréquentée d'Afrique du Sud est si incongrue qu'on ne sait pas s'il faut la trouver drôle, tragique ou simplement folle. Cela ressemble moins à quelque chose de réel qu'au travail d'un comique cherchant à croquer la relation qu'entretient cette ville au monde qui la traverse. C'est qu'en effet Beaufort West fait partie de ces lieux oubliés par l'Afrique du Sud post-Apartheid, même si les Sud-Africains y passent par millions. Ceux qui finissent par y échouer misérablement n'ont bien souvent qu'une alternative : aller du bidonville à la prison, au milieu de l'autoroute, où ils peuvent, littéralement, entendre le vacarme d'une économie dans laquelle aucune place ne leur est faite.

Mikhael Subotzky est un artiste sud-africain qui utilise la photographie, la vidéo et le cinéma. Son travail questionne les structures de la narration et de la représentation, ainsi que la relation entre la mise en scène du social et les contingences formelles de la fabrique des images. Il est né en 1981 au Cap et vit actuellement à Johannesburg.

Beaufort West Prison (from the air), 2006
Lightjet C-Print, 126 x 147.66cm

Jacks Shines Swanepoel's Shoes, Beaufort West, 2006
Lightjet C-Print, 126 x 147.66 cm

Jaco, Beaufort West Prison, 2006
Lightjet C-Print, 126 x 147.66 cm

Hillside, Beaufort West, 2006
Lightjet C-Print, 126 x 147.66 cm

Motel Near The Truckstop, Beaufort West, 2006
Lightjet C-Print, 126 x 147.66 cm

APK Church, Beaufort West, 2007
Lightjet C-Print, 126 x 147.66 cm

RUSKAMERS
RESTROOMS
DEN·CHRI

Traditional Healer and Patient, Beaufort West, 2006
Lightjet C-Print, 126 x 147.66 cm

Fancy-dress competition, Beaufort West Agricultural Show, 2006
Lightjet C-Print, 126 x 147.66 cm

Offering To The Ancestors, Kwa Mandlankosi, Beaufort West, 2006
Lightjet C-Print, 126 x 147.66 cm

Spectator, Beaufort West Agricultural Show, 2007
Lightjet C-Print, 126 x 147.66 cm

Jackal Hunter, Beaufort West, 2007
Lightjet C-Print, 126 x 147.66 cm

Residents, Vaalkoppies (Beaufort West Rubbish Dump), 2006
Lightjet C-Print, 126 x 147.66cm

Samuel (Standing), Vaalkoppies (Beaufort West Rubbish Dump), 2006
Lightjet C-Print, 126 x 147.66cm

LE POUVOIR DE NOMMER COMME SEULE POLITIQUE

Enquête sur la déréliction de l'État culturel

PAR **JOSEPH CONFAVREUX ET AURORE GORIUS**

Dès l'Ancien Régime, le pouvoir politique en France célébrait avec la culture des noces singulières. En s'en faisant le plus ardent défenseur, il en accaparait la plus-value symbolique. Cette « tradition » s'est poursuivie sous l'ère républicaine, dans une sorte de geste monarchique émaillée de quelques inflexions majeures : la création du ministère de la Culture par Malraux, puis l'obtention, vingt ans plus tard, par Jack Lang d'un budget et d'une puissance renouvelés. Mais un fait passé plus inaperçu a joué dans cette histoire un rôle non négligeable : l'extension par François Mitterrand, en 1985, du pouvoir de nommer les responsables des grandes institutions culturelles. Tant que la politique culturelle était animée par un souffle et un horizon, ce décret n'a pas semblé devoir être remis en cause. Mais aujourd'hui, alors que le ministère de la Culture devient une coquille vide, ce pouvoir de nomination apparaît comme le reliquat d'un autre âge, l'outil d'un népotisme creux et le symbole de la réduction de la politique culturelle à une gouvernance sans projet.

« *En matière de politique culturelle et de nomination, la continuité est assurée avec la monarchie qui avait ses prébendes et plaçait les artistes* », assène Antoine de Baecque, historien et auteur de *Crises dans la Culture française. Anatomie d'un échec*. Cette tendance monarchique de la République culturelle est-elle la source ultime des polémiques à répétition qui entourent les nominations à la Villa Médicis, à la Bibliothèque Nationale de France, au Château de Versailles ou au Festival d'Avignon ?

François Mitterrand avait érigé la politique culturelle en art de gouverner en faisant passer, au cœur de l'été, le 6 août 1985, à la veille d'une probable cohabitation, un décret qui étendait considérablement les pouvoirs de nomination du président de la République, notamment dans le domaine culturel. Il s'arrogeait ainsi le pouvoir de désigner notamment l'administrateur de la Comédie-Française, les présidents du Centre Pompidou, du Centre National de la Cinématographie (CNC), de l'Institut National de l'Audiovisuel (INA) ou celui du conseil d'administration de l'Opéra de Paris.

FRANÇOIS MITTERRAND AVAIT ÉRIGÉ LA POLITIQUE CULTURELLE EN ART DE GOUVERNER.

Nicolas Sarkozy avait caricaturé l'arbitraire d'une politique culturelle réduite à son pouvoir de nomination avec un double épisode rocambolesque. Premier acte : la Villa Médicis, où le journaliste et conseiller culture en disgrâce du Président, Georges-Marc Benamou, avait essayé de s'autonommer en guise de lot de consolation, avant que Frédéric Mitterrand, futur ministre de la Culture, n'emporte le poste. Deuxième acte et deuxième bronca après qu'Olivier Py a été débarqué du théâtre de l'Odéon pour permettre l'arrivée du metteur en scène Luc Bondy, avant de se voir accorder en guise de (très beau) lot de consolation le Festival d'Avignon.

Le pouvoir socialiste n'a pas dérogé à ce système opaque, contesté sur le moment et recommencé la fois d'après. C'est la nomination de Muriel Mayette à la Villa Médicis, en dépit de compétences très éloignées du poste, qui a focalisé les critiques. Manuel Valls, intime du couple qu'elle forme avec le journaliste sportif Gérard Holtz, avait en effet annoncé en amont qu'elle aurait un « grand poste » après son départ de la Comédie-Française. Mais le remplacement de Nicolas Bourriaud à la tête des Beaux-Arts de Paris à l'été 2016 ou la nomination à la tête du Centre Pompidou, en mars 2015, du secrétaire général du gouvernement, Serge Lasvignes, ont aussi déclenché leur lot d'articles indignés et de tribunes enflammées. Ce dernier a beau être énarque, agrégé de lettres et grand connaisseur de Châteaubriand, son inexpérience en matière de management culturel a été critiquée par le monde de l'art jugeant que Beaubourg, plus grand musée d'art contemporain du monde après le MoMa de New York, avec ses 3,5 millions de visiteurs et ses 130 millions de budget annuel, méritait mieux qu'un jeu de chaises musicales.

La patte de l'exécutif s'est également fait sentir dans la nomination, le 6 avril dernier, de Laurence Engel à la tête de la BNF, où elle a succédé à Bruno Racine. L'ancienne directrice de cabinet d'Aurélie Filippetti au ministère de la Culture est la première femme nommée à la tête de l'institution, qui est aussi le plus gros établissement culturel de France, avec un budget de 200 millions d'euros annuels et 2 400 personnes employées. À ce poste où beaucoup espéraient voir un universitaire prendre les rênes, c'est finalement un profil technocratique qui a été retenu. Et son statut de « femme de », puisqu'elle est l'épouse d'Aquilino Morelle, ancien conseiller de François Hollande démissionné en raison de ses liens dissimulés avec l'industrie pharmaceutique, n'a pas manqué d'être évoqué. Même profil avec la nomination de l'ancienne directrice de cabinet de François Hollande à l'Élysée, Sylvie Hubac, membre comme lui de la fameuse promotion Voltaire de l'École Nationale d'Administration (ENA), à la présidence de la Réunion des Musées Nationaux (RMN-Grand Palais).

Rien de neuf sous le soleil des nominations culturelles, mélange permanent d'opacité organisée, de « fait du Prince » assumé et d'exposition médiatique inévitable ? « *Les polémiques sur les nominations sont surtout une conséquence du système médiatique, de ses dérives et des formes croissantes de peopleisation*, juge Philippe Poirrier, qui vient de signer *Les Politiques culturelles en France*, à La Documentation française. *Mais c'est aussi parce que tous les regards sont tournés vers les grands établissements culturels, souvent parisiens, certes essentiels, mais qui ne font pas à eux seuls la politique culturelle.* » Pour Antoine de Baecque, « *il n'est ni disproportionné ni illégitime que l'État culturel nomme aux postes importants, puisque nous sommes dans un système culturel public dépendant du pouvoir politique. Mais quand Jack Lang arrive au pouvoir en 1981, ses premières nominations ont valeur de manifeste, alors qu'aujourd'hui il est beaucoup plus difficile de voir ce qu'elles dessinent comme politiques culturelles. Même si certaines sont légitimes, beaucoup d'autres découlent de services rendus. On est entré dans une logique beaucoup plus gestionnaire de la politique culturelle, sans ambition. Désormais, ce qui reste, ce sont surtout des négociations pour placer des amis, maintenir des équilibres, entretenir des réseaux ou ne pas insulter l'avenir.* » La crispation, à intervalles réguliers, sur le choix d'untel ou unetelle pour les postes les plus prestigieux constitue ainsi davantage qu'une chorégraphie médiatique rodée pour se répéter *ad nauseam*. Elle raconte aussi les transformations, et les dégradations, des politiques culturelles.

« Jurys » *versus* « acte souverain »

« In fine, *on va juger un ministre de la Culture à l'aune de ses nominations* », explique Aurélie Filippetti, qui a occupé le poste pendant les premières années du quinquennat Hollande et pris, à son arrivée rue de Valois en 2012, des initiatives pour tenter d'améliorer la transparence des décisions. Pour elle, il faut donc « *des procédures transparentes pour auditionner les candidats, décider en fonction des projets, éviter le sentiment que le choix est discrétionnaire* ». Le contexte était porteur : les directions de plusieurs grandes institutions parisiennes devaient être renouvelées en quelques mois, au premier rang desquelles l'Opéra de Paris, puis le Louvre et le Musée National d'Art moderne. Un appel à candidature ouvert et un système de choix sur projet ont été instaurés lors de la nomination du nouveau directeur de l'Opéra. Tous les candidats ont été reçus par la ministre : « *À la fin, il n'en restait que deux, tous deux très bons, il y a alors du subjectif et de l'intuition qui jouent. Des gens m'appelaient mais j'avais l'avantage de ne pas être affiliée aux différents types de réseaux* », assure-t-elle. Puis François Hollande a rencontré lui-même Stéphane Lissner, celui qu'il nommera quelques jours plus tard en Conseil des ministres. Avant son brusque départ du gouvernement, Aurélie Filippetti projetait de rationaliser les procédures de nominations en impliquant les commissions Culture de l'Assemblée nationale et du Sénat.

« IN FINE, *ON VA JUGER UN MINISTRE DE LA CULTURE À L'AUNE DE SES NOMINATIONS* » – AURÉLIE FILIPPETTI.

Pour Fleur Pellerin, qui lui a succédé, « *nommer une personne n'est pas quelque chose de scientifique. Il n'y a pas de candidat scientifiquement idoine ou adéquat pour occuper tel poste.*

« NOMMER UNE PERSONNE N'EST PAS QUELQUE CHOSE DE SCIENTIFIQUE » – FLEUR PELLERIN.

C'est la limite de l'objectivation totale des processus de recrutement. On peut mettre autant de jurys qu'on veut, ça permet de vérifier l'adéquation des personnes à certains critères de sélection mais pas d'être totalement assuré qu'on fait le bon choix. Il faut assumer une dimension subjective et politique ». Elle n'en a pas moins créé, en 2015, un comité de personnalités représentant le monde de l'art contemporain, afin de nommer le nouveau directeur de l'école des Beaux-Arts (ENSBA). Une façon d'essayer de créer un consensus autour du nouveau venu. Car la décision de limoger le directeur en place, Nicolas Bourriaud, a suscité de vives réactions. Contesté en interne, il fut notamment soutenu, via une pétition demandant son maintien, par plusieurs artistes de premier plan (Daniel Buren, Gérard Fromanger, Xavier Veilhan etc.). Des étudiants se sont aussi mobilisés en sa faveur, inquiets des rumeurs circulant sur l'arrivée d'Éric de Chassey, dans le cadre d'un « recasage » possible après la nomination de Muriel Mayette à la Villa Médicis, où il se trouvait alors en poste, et en raison de ses liens supposés avec l'Élysée à travers sa femme, une actrice proche de Julie Gayet… Parmi les vingt-cinq candidatures, le comité a retenu trois noms, avant de porter son choix sur Jean-Marc Bustamante, en tête. Fleur Pellerin a ensuite proposé l'heureux élu à François Hollande, qui l'a nommé en septembre 2015.

Mais la plupart de ceux qui ont endossé la responsabilité des politiques culturelles ces dernières années voient d'un plus mauvais œil encore ces jurys « *où règnent la médiocrité et la cooptation* », lâche le n°2 d'un grand établissement parisien qui préfère rester anonyme. « *La systématisation des jurys affaiblirait encore le poids du ministère de la Culture dans les nominations,* estime-t-il. *Il deviendrait une boîte aux lettres qui transmettrait les résultats des jurys au président de la République.* » Frédéric Mitterrand, ministre de la Culture de 2009 à 2012, n'y va pas par quatre chemins : « *Le pouvoir politique décide, c'est la règle. Si on n'est pas content, on le renvoie. Les jurys, les commissions, ce sont les élections ! La vision d'Aurélie Filippetti selon laquelle ce doit être le résultat d'une sorte de consensus, c'est absurde. On ne nomme pas à des postes aussi importants avec une assemblée générale. On ne va pas commencer à être dans une discussion permanente, avec de surcroît un poids considérable des syndicats, qui ne sont pas les instances les plus éclairées de la République* », assène-t-il. Circulez, le pouvoir du ministre ne souffre aucune consultation en dehors d'échanges informels…

« *JE NE VOIS PAS D'OÙ LES COMMISSIONS TIRERAIENT LEUR LÉGITIMITÉ* » – JEAN-JACQUES AILLAGON.

« *J'estime qu'à partir du moment où il y a un ministre de la Culture, c'est à lui de procéder aux nominations,* embraye Jean-Jacques Aillagon. *Je ne vois pas d'où les commissions tireraient leur légitimité.* » « *Et dans les commissions, les gens ne s'expriment jamais sincèrement, ils font souvent des recommandations d'opportunité. J'ai vu des gens y faire des calculs un peu vicieux, proposer quelqu'un qui nuirait à l'établissement dont il fallait désigner la tête en estimant que leur propre intérêt personnel était que cette institution soit aussi faible que possible* », poursuit-il. La nature de la composition d'éventuels jurys reste l'un des écueils principaux de cette formule. « *Je ne vois pas un jury de metteurs en scène de théâtre participer à la nomination du futur administrateur de la Comédie-Française. Ils seraient à la fois juges et parties parce que ensuite susceptibles d'être invités par l'institution* », juge Aurélie Filippetti.

LA NATURE DE LA COMPOSITION D'ÉVENTUELS JURYS RESTE L'UN DES ÉCUEILS PRINCIPAUX DE CETTE FORMULE.

Autre argument contre les jurys et les candidatures déclarées : la peur des candidats potentiels de s'« *outer* ». « *Il peut arriver que certains candidats potentiellement très bons soient découragés par la publicité des procédures de nominations. Le défaut de confidentialité peut donc conduire, dans certains cas, à écarter les meilleurs candidats* » avance Fleur Pellerin. Pour beaucoup, les grands noms qu'il serait nécessaire de placer à la tête des institutions doivent être sollicités et ne s'aventureraient pas devant une procédure contenant un jury, notamment quand ils sont en poste à l'étranger. « *Si, sous Pompidou, on n'avait pas été chercher Rolf Liebermann pour l'Opéra de Bordeaux, il ne serait pas venu,* assure David Kessler, conseiller culturel de l'Élysée de 2012 à 2014. *Idem pour Giorgio Strehler que Jack Lang a démarché pour l'Odéon, ou encore Hugues Gall que Jacques Toubon a sollicité pour qu'il quitte la Suisse et prenne les rênes de l'Opéra.* »

Mais invoquer ce motif pour garder les candidatures secrètes ne convainc pas tout le monde. « *Ce n'est pas le problème du citoyen ! Si vous avez peur, vous n'y allez pas...* » rétorque Jean de Boishue, conseiller Culture de François Fillon pendant ses cinq ans de mandat à Matignon. Ce fervent supporter d'auditions où les candidats viennent présenter leur projet, explique : « *Je n'aime pas le mot jury, mais rendre publiques des auditions avec des gens et des projets, c'est nécessaire. On peut difficilement imaginer une formule plus neutre et finalement plus juste.* » Elle est pourtant loin de s'être imposée comme la règle.

« Il n'existe pas de bonne manière de nommer »

« *Il n'existe pas de bonne manière de nommer* », concède David Kessler, qui estime toutefois nécessaire de distinguer « *deux sortes de polémiques : celles au nom de la transparence, qui m'apparaissent souvent comme de mauvaises polémiques* » et « *des polémiques saines, quand un choix novateur ou radical est fait* ». Il est vrai que la nomination de Muriel Mayette à la Villa Médicis a fait beaucoup plus parler que les choix de placer des metteurs en scène radicaux comme Philippe Quesne à Nanterre ou Rodrigo Garcia à Montpellier. Pour Kessler, « *lorsqu'un établissement est financé à la fois par la*

« *POUR LES GRANDS ÉTABLISSEMENTS PUBLICS RELEVANT DE L'ÉTAT, JE MAINTIENS UNE POSITION À CONTRE-COURANT DE L'AIR DU TEMPS QUI EST À LA TRANSPARENCE* » – DAVID KESSLER.

ville, la région et l'État, un appel à candidature et un jury sont sans doute nécessaires pour objectiver la situation. Mais pour les grands établissements publics relevant de l'État, je maintiens une position à contre-courant de l'air du temps qui est à la transparence ». Deux raisons expliquent sa prise de position. D'une part, « *quelle que soit la procédure,* in fine, *il existe une décision prise entre des personnes, des projets mais aussi des interventions, et ce n'est pas le fait de passer devant un jury qui changerait les choses. À l'Université, où la décision est censée être prise par les pairs après des procédures ultra-réglementées, elle est dans la plupart des cas jouée d'avance…* ». D'autre part, selon l'ancien conseiller : « *Aujourd'hui, 50 % de la politique culturelle résident dans la politique de nominations. Les marges de manœuvre du ministère de la Culture se sont réduites et une politique culturelle se définit surtout dans les orientations qu'on donne aux grandes institutions culturelles qui dépendent elles-mêmes des personnes désignées pour les conduire. Ce sont les vingt-cinq personnes à qui on confie les clés des grandes institutions qui font la politique culturelle.* » Frédéric Mitterrand ne dit pas autre chose : « *Les grands postes de l'État dans le domaine de la culture sont comme des délégations de pouvoir politique, donc si vous ratez vos nominations, c'est votre politique que vous ratez.* »

Pour David Kessler, qui dirige aujourd'hui Orange Studios après avoir été à la tête de France Culture ou du CNC, l'autonomie renforcée des grands lieux culturels depuis le début des années 1990 est déterminante. « *La capacité d'intervention du ministère de la Culture, c'est d'abord les établissements publics, notamment pour la projection à l'extérieur. Il y a ving-cinq ans, le directeur des Musées de France était l'homme le plus puissant du secteur. Aujourd'hui ce poste est moins connu et désiré que celui de directeur du Louvre* », explique-t-il. Désormais, les directeurs gèrent leur budget, leurs personnels et sont capables de bâtir des stratégies financières et artistiques *ad hoc*. « *Le pouvoir culturel a connu une vraie déconcentration,* juge Fleur Pellerin. *Auparavant, le Louvre était un service qui dépendait du ministère de la Culture, pas un établissement public. Quand on a donné de l'autonomie à ces établissements publics, certains en ont pris beaucoup et la question du pilotage de ces établissements par le ministère a souvent posé problème.* »

« *QUAND ON A DONNÉ DE L'AUTONOMIE À CES ÉTABLISSEMENTS PUBLICS, CERTAINS EN ONT PRIS BEAUCOUP* » – FLEUR PELLERIN.

À leur tête ont été nommés des « grands féodaux », personnages souvent charismatiques, aux réseaux politiques importants, tel un Alain Seban, ancien conseiller culturel de Jacques Chirac, qui dirigea le Centre Pompidou de 2007 à 2015. « *Certains estiment qu'ils peuvent s'adresser directement au président de la République pour régler leurs problèmes plutôt qu'au ministre de la Culture*», a pu constater Fleur Pellerin. Ces grands établissements sont aujourd'hui des institutions internationales : le Louvre a ouvert une antenne à Lens et à Abou Dhabi (Émirats Arabes Unis). Le Centre Pompidou est implanté à Metz et s'exporte à l'étranger, de façon provisoire, comme à Malaga, en Espagne, au printemps 2015. Et il n'est pas rare de voir ces dirigeants exprimer publiquement leur défiance à l'égard du ministère. En juillet 2010, *Le Monde* a publié une lettre d'Henri Loyrette (Louvre), Alain Seban (Centre Pompidou) et Guy Cogeval (Orsay) s'inquiétant des coupes budgétaires envisagées par le gouvernement. Frédéric Mitterrand l'a appris en lisant la presse. En octobre 2012, rebelote. Les mêmes signent, aux côtés de Stéphane Martin (Quai Branly) ou Catherine Pégard (passée du travail de journaliste au *Point* à l'Élysée avant d'être nommée à la direction du château de Versailles, et qui a décliné notre demande d'entretien), une lettre pour s'opposer à un vieux serpent de mer : l'intégration des œuvres d'art dans le calcul de l'ISF. La missive est adressée à Aurélie Filippetti, avec copie à François Hollande. La mesure a ensuite été écartée par les députés.

La « puissance perdue » de la rue de Valois

Cette montée en puissance des grands établissements publics autonomes n'est qu'un des aspects de l'affaiblissement du ministère de la Culture. Celui-ci explique en grande partie la focalisation polémique sur les nominations et le sentiment qu'elles expriment davantage le résultat d'une lutte des places qu'un projet

« *TROP SOUVENT, LES MINISTRES SE METTENT À FAIRE DES NOMINATIONS À TOUR DE BRAS POUR SE DONNER L'ILLUSION D'UNE PUISSANCE PERDUE* », ESTIME JEAN-JACQUES AILLAGON.

culturel cohérent et ambitieux. Si les nominations représentent un tel enjeu, ce n'est en effet pas bon signe pour la rue de Valois. « *Trop souvent, les ministres se mettent à faire des nominations à tour de bras pour se donner l'illusion d'une puissance perdue* », estime Jean-Jacques Aillagon. L'ébranlement du ministère de la Culture se lit d'abord dans les chiffres. Son budget est en net recul depuis plusieurs années (- 4 % en 2013, - 2 % en 2014), même s'il est à nouveau orienté à la hausse en 2016. La cure d'austérité avait commencé sous Nicolas Sarkozy avec des crédits en baisse de 8 % pour la création et de 30 % pour le patrimoine entre 2008 et 2011. L'argent n'est pas le seul déterminant – le budget de la Culture sous André Malraux représentait 0,4 % des dépenses de l'État – mais l'appauvrissement budgétaire réduit la marge de manœuvre du ministère. La mécanique des financements publics est grippée. « *Par rapport à l'époque de Jack Lang, le pouvoir d'action, au sens pouvoir d'achat, d'un ministre de la Culture a dû être diminué de moitié car le périmètre s'est élargi sans que le budget augmente* », estime Aurélie Filippetti. Le pouvoir de nomination, lui, ne coûte pas un centime… Même si Frédéric Mitterrand juge que « *le manque de moyens, c'est un tigre de papier qui n'empêche pas de faire des choses* », une logique plus gestionnaire a pris le pas, d'autant plus forte en période de disette.

« *LE MANQUE DE MOYENS, C'EST UN TIGRE DE PAPIER QUI N'EMPÊCHE PAS DE FAIRE DES CHOSES* » – FRÉDÉRIC MITTERRAND.

Autre élément d'affaiblissement : la durée raccourcie des mandats rue de Valois. Loin de la décennie de « règne » de Jack Lang, chaque quinquennat voit défiler deux ou trois ministres de la Culture. Ce qui laisse à chaque locataire moins de trois ans en moyenne pour apprivoiser les rouages et déployer sa politique. Un temps bien court pour peser pleinement face aux deux têtes de l'exécutif, l'Élysée et Matignon. Depuis plusieurs années, les ministres successifs ont d'ailleurs un poids politique limité. Audrey Azoulay, en poste actuellement, Frédéric Mitterrand ou Jean-Jacques Aillagon, sont plutôt des opérationnels du secteur de la culture. Élues de la République, Christine Albanel ou Aurélie Filippetti ne possédaient pas une surface politique importante. Pour Frédéric Mitterrand, la clef d'une bonne nomination réside dans la « *confiance entre le président de la République et son ministre. La tradition remonte à François Ier, on peut dire qu'il faut faire autrement mais c'est comme ça* ». Avant d'ajouter : « *C'était peu le cas entre Nicolas Sarkozy et moi, parce qu'au fond il savait que je n'étais pas sarkozyste.* »

Signe que c'est bien l'Élysée qui a le dernier mot, les revirements de dernière minute ne sont pas rares. Début 2016, alors que des fuites dans la presse laissaient entendre que la n° 2 du Grand Palais allait en prendre la direction, c'est finalement Sylvie Hubac qui a été nommée en Conseil des ministres. Ce qui ne contribue pas à pacifier les nominations. Un scénario plus serein consisterait à annoncer une nouvelle nomination quelques semaines avant la fin d'un mandat, pour une passation de pouvoir apaisée. Difficile quand ce n'est pas le ministre qui décide seul et que l'arbitrage final lui échappe. « *Il faut laisser le ministre de la Culture faire son boulot,* plaide Jean-Jacques Aillagon. *Si tout remonte à l'Élysée, on est dans un exercice hyper-monarchique de la République.* » Conséquence de ce rapport de force favorable au Président, les critères culturels ne sont pas prioritaires. « *Par expérience, le ministère de la Culture cherche la meilleure qualité possible en matière artistique et esthétique. L'Élysée et Matignon ont des considérations plus politiques* » et accordent plus d'importance à l'avis des fameux « *visiteurs du soir* », selon Aurélie Filippetti. Quant à Fleur Pellerin, l'ancienne ministre regrette que l'Élysée concentre ses interventions sur les postes à pourvoir : « *Il y a une attention démesurée portée aux questions de nominations par rapport aux priorités de politique culturelle. J'aurais aimé que la Présidence se mêle davantage d'autres sujets. La démocratisation, la culture dans les quartiers, l'éducation populaire me paraissaient beaucoup plus stratégiques.* »

LE RISQUE EST QUE LE CHANGEMENT D'ÉCHELLE SOIT SYNONYME DE CHANGEMENT DE SUZERAIN, MAIS NON DE PRATIQUES, DANS LE POUVOIR DE NOMMER.

« IL Y A UNE ATTENTION DÉMESURÉE PORTÉE AUX QUESTIONS DE NOMINATIONS PAR RAPPORT AUX PRIORITÉS DE POLITIQUE CULTURELLE » - FLEUR PELLERIN.

Selon les intentions des Premiers ministres, le ministre de la Culture doit aussi composer avec Matignon. Lors de leurs déjeuners du lundi, François Hollande évoquait les nominations culturelles avec Jean-Marc Ayrault, qui donnait son avis. Manuel Valls entend peser plus et, preuve de son influence, faire accepter ses candidats par l'Élysée, à l'instar de Murielle Mayette. Pendant ses cinq années passées à Matignon, François Fillon est, lui, davantage resté sur la réserve. « *Nous n'avions pas l'intention de forcer qui que ce soit* », se souvient son conseiller culturel d'alors, Jean de Boishue. « *Laisse-le se débrouiller avec l'Élysée* », lui a notamment glissé François Fillon lorsque le ministre de la Culture, Frédéric Mitterrand, s'est battu pour nommer l'un de ses conseillers, Mathieu Gallet, à la présidence de l'Institut National de l'Audiovisuel (INA). Encore fier de ce coup, l'ancien ministre de la Culture sourit : « *Si les politiques ont confiance dans leur ministre de la Culture, ils sont enclins à le suivre. C'est en insistant que j'ai obtenu la nomination de Mathieu Gallet à l'INA. Je ne voulais surtout pas que Nicolas Sarkozy le voie, parce qu'il est très beau, donc je le voyais commencer à ricaner en disant :* "Ah, je vois pourquoi tu veux le nommer", *alors que ce n'était pas du tout pour ça. Mais j'ai dû m'y reprendre à trois fois.* »

Décentralisation et « rapports d'allégeance »

Cette perte de puissance du ministère de la Culture est également liée à la décentralisation et la délégation aux collectivités territoriales de larges pans de la politique artisitique et culturelle. Au-delà des grands postes exposés qui s'affichent à la Une des médias et font polémique, la grande majorité des nominations résultent en réalité d'équilibres et de négociations entre les différentes parties qui financent tel ou tel lieu : villes, régions, État… Même si ce système, censé garantir un équilibre, est souvent battu en brèche par la puissance centrale, comme dans le cas du théâtre de la Criée, à Marseille, où Macha Makeïeff fut nommée, début 2011, sous l'impulsion de l'Élysée, alors que les différentes tutelles étaient pourtant tombées d'accord sur le nom de la metteuse en scène Catherine Marnas.

Le ministère de la Culture est donc pris en étau entre Matignon et l'Élysée d'un côté, et les collectivités territoriales de l'autre. Au risque que la démocratisation ou l'efficacité accrues que devrait théoriquement permettre le changement d'échelle ne soient surtout synonymes de changement de suzerain, mais non de pratiques, dans le pouvoir de nommer. À cet égard, l'épisode récent de la tribune intitulée « *La politique culturelle à Paris est exemplaire* » n'est pas rassurant. Dans les colonnes du *Monde* du 29 mai 2012, Jean Blaise (Nuit blanche), Jérôme Delormas (Gaîté lyrique), Laurence de Magalhaes et Stéphane Ricordel (Silvia-Monfort), Emmanuel Demarcy-Motta (Théâtre de la Ville), Guillaume Descamps (Maison des pratiques artistiques amateurs),

Alexia Fabre (Nuit blanche), Alain Herzog (Gaîté lyrique), José-Manuel Goncalves (Centquatre), François Grosjean (Le Grand Parquet), Philippe Mourrat et Christine Chalas (Maison des métallos) et Jean-Michel Ribes (Théâtre du Rond-Point) demandaient que l'adjoint à la Culture de la mairie de Paris, Christophe Girard, puisse cumuler ce poste avec celui de maire du IVe arrondissement de Paris, libéré après la nomination de Dominique Bertinotti au ministère délégué à la Famille. Alors même que Christophe Girard présentait déjà la particularité de détenir, en plus de son poste d'adjoint à la culture, des fonctions de directeur de la stratégie mode chez LVMH. Et que, si l'offre culturelle à Paris est sans doute une des plus variées et plus exigeantes qui soient, nombre d'acteurs estiment que Bertrand Delanoë et Christophe Girard ont donné la priorité à l'événementiel sur le travail de terrain et mis en concurrence des établissements de plus en plus gourmands en moyens de fonctionnement, obligés de lutter pour trouver du financement privé…

Les signataires n'ont finalement pas eu gain de cause, et Christophe Girard a dû renoncer à son poste d'adjoint à la Culture au profit de Bruno Julliard. Mais qu'une flopée de représentants du spectacle vivant se soient sentis obligés de signer un tel texte (on ne leur fera pas l'insulte de penser qu'ils l'ont eux-mêmes rédigé) est déplorable, en ce que cela raconte de la vassalité possible du monde culturel aux tutelles, qu'elles soient étatiques, régionales, départementales ou municipales, notamment en période de disette budgétaire.

Comme le précisait alors à Mediapart Valérie de Saint-Do, plume de la revue *Cassandre/Horschamp* qui explore depuis des années les dessous des politiques culturelles, l'exemple de Paris illustre un « *danger qui guette si on municipalise de plus en plus le financement de la culture. Avec le désengagement de l'État, les collectivités territoriales représentent maintenant plus de 60 % du financement de la culture. Et si on a dépassé la caricature de l'élu local qui utilise la culture pour son prestige ou de l'État omniscient qui saurait ce qu'il faut pour chaque territoire, la dépendance à une seule collectivité comporte toujours un rapport d'allégeance* ». Un danger qui inquiète particulièrement tous les artistes et travailleurs du secteur culturel évoluant dans des collectivités territoriales passées, ou susceptibles de passer, entre les mains du Front National…

« SI ON A DÉPASSÉ LA CARICATURE DE L'ÉLU LOCAL QUI UTILISE LA CULTURE POUR SON PRESTIGE OU DE L'ETAT OMNISCIENT QUI SAURAIT CE QU'IL FAUT POUR CHAQUE TERRITOIRE, LA DÉPENDANCE À UNE SEULE COLLECTIVITÉ COMPORTE TOUJOURS UN RAPPORT D'ALLÉGEANCE » **– VALÉRIE DE SAINT-DO.**

Des règles à éclaircir

Dans une tribune publiée en 2011, Frédéric Hocquard, directeur d'Arcadi (Action pour la création artistique et la diffusion en Île-de-France) et Didier Salzgeber, coopérateur

***« À DÉFAUT DE CHANGER CE SYSTÈME DE NOMINATION, NOUS SERONS AMENÉS À REVIVRE PERPÉTUELLEMENT LES MÊMES HISTOIRES. SOUS LA FORME D'UNE TRAGÉDIE OU SOUS CELLE D'UNE FARCE » –* FRÉDÉRIC HOCQUARD ET DIDIER SALZGEBER.**

culturel, plaidaient pour « *une nouvelle dramaturgie des nominations* », en jugeant que la concertation entre la diversité des institutions publiques ne fonctionnait pas et qu'il fallait réinventer une coopération entre les professionnels et le public. « *À défaut de changer ce système de nomination, nous serons amenés à revivre perpétuellement les mêmes histoires. Sous la forme d'une tragédie ou sous celle d'une farce* », écrivaient-ils. Peut-on alors imaginer des procédures de nomination à la fois plus démocratiques, plus transparentes et mieux adaptées à la nouvelle donne culturelle, dans laquelle les acteurs issus des collectivités territoriales, mais aussi du privé, concurrencent de plus en plus une puissance publique étatique figée dans son fonctionnement et drapée dans son histoire ?

Clarifier les règles est une nécessité, même si cela ne suffira pas. Si les nominations sont l'objet de tant de critiques, le flou qui encadre parfois les mandats des dirigeants de ces grands établissements y est pour beaucoup. L'impression de « deux poids, deux mesures » alimente les contestations de toutes sortes. La règle du départ à la retraite à soixante-cinq ans n'est pas toujours appliquée de la même façon. En 2011, Nicolas Sarkozy demande à Jean-Jacques Aillagon, qui atteint l'âge critique, de quitter le château de Versailles, alors que son mandat a été renouvelé un an auparavant. Dans le même temps, le cap fatidique n'a pas empêché Xavier Darcos, de six mois plus âgé, d'être nommé à l'Institut de France en 2010. Ni à Luc Bondy de prendre la tête du Théâtre de l'Odéon à soixante-quatre ans.

Longtemps, le nombre de mandats à la tête des établissements publics n'a pas été limité, les statuts ne mentionnant aucune règle en matière de renouvellement. Certains ont enregistré des records comme Henri Loyrette, directeur du Louvre de 2001 à 2013. Quant à Stéphane Martin, sa nomination à la présidence du Quai Branly remonte à 1998… Aux Beaux-Arts, les statuts ne mentionnent même aucune durée de mandat pour le directeur. Afin de rester en place, certains dirigeants n'hésitent pas à mobiliser leur réseau pour plaider, auprès des politiques, une « grande perte » en cas de départ.

En 2013, Aurélie Filippetti ne souhaite ainsi pas renouveler Alain Benoin, directeur du Théâtre National de Nice (TNN), qui, à soixante-cinq ans, termine son quatrième mandat. Le maire de Nice, Christian Estrosi, monte au créneau pour défendre un cinquième mandat et se montre très actif. Il soutient un tandem constitué du directeur et de l'actrice et metteur en scène Zabou Breitman. Et va le défendre à l'Élysée, auprès du conseiller Culture, David Kessler. La polémique donne lieu à de vifs échanges dans le milieu du théâtre, Patrice Chéreau prenant parti contre le tandem Benoin-Breitman, face à un comité de soutien composé de comédiens et d'auteurs, allant de Pierre Arditi à Didier Van Cauwelaert, en passant par Olivier Py, Enki Bilal, Francis Huster, Guillaume Gallienne, Gérard Jugnot... Dans une lettre ouverte, en juillet 2013, ils souhaitent que « *cette candidature soit étudiée comme les autres et ne fasse pas l'objet d'un veto quelconque [...] toute exclusion* a priori *serait un déni de droit et de démocratie* ». Finalement, la nomination d'Irina Brook, en concertation avec les collectivités locales, permettra de sortir de la crise.

Pour mettre de l'ordre, Fleur Pellerin a harmonisé les statuts des établissements publics relevant du ministère de la Culture dans un décret d'octobre 2015. La nouvelle règle est désormais un mandat de trois ans renouvelable deux fois. À l'exception des plus grands établissements, le Louvre, le Musée d'Orsay, le Centre Pompidou, Versailles et le Grand Palais, pour lesquels la durée maximum au poste de dirigeant est de onze ans (premier mandat de cinq ans, puis deux mandats de trois ans maximum). Mais tout dépendra de l'application du texte par les pouvoirs successifs. Au Musée d'Orsay, Guy Cogeval, nommé en 2008, pouvait prétendre à un troisième mandat de trois ans. Étrangement, en mars 2016, la nouvelle ministre, Audrey Azoulay, ne l'a prolongé que... d'une année. Allez comprendre.

De l'autre côté des frontières

La politique culturelle française peut-elle apprendre de la manière dont se passent les nominations à l'étranger ? Dans la majorité des autres pays européens, le gouvernement ou l'équivalent du ministère de la Culture veillent

« POUR UN DE NOS GRANDS MUSÉES, J'AURAIS VOULU NOMMER UN ALLEMAND DONT LE PROFIL ÉTAIT PARFAIT. MAIS IL ÉTAIT PAYÉ 30 À 40 000 EUROS, BIEN AU-DELÀ DE CE QU'ON PEUT SE PERMETTRE » - AURÉLIE FILIPPETTI.

sur les postes importants du domaine culturel, que ce soit le musée du Prado à Madrid ou le Deutsches Historisches Museum de Berlin. Mais le système de nominations est beaucoup moins centralisé qu'en France en raison du poids des communautés autonomes en Espagne ou des Länder en Allemagne. « *En outre, il n'existe pas vraiment d'équivalent de nos établissements publics autonomes dans les autres pays,* juge Antoine de Baecque. *Pour les théâtres, que ce soit en Allemagne ou aux Pays-Bas, le poids des municipalités est déterminant, ce qui peut d'ailleurs poser d'autres problèmes.* »

Dans les pays anglo-saxons, le fonctionnement est différent. En Grande-Bretagne, le British Museum est une structure juridique autonome, avec un directeur nommé par un conseil d'administration composé de vingt-cinq personnes (dont une partie est toutefois désignée par le Premier ministre et la Reine). Aux États-Unis, le Metropolitan Museum of Art de New York est une structure privée, dont le conseil d'administration réunissant quarante et une personnalités a tout pouvoir pour les nominations. Mais, poursuit Antoine de Baecque, la France « *constitue une exception culturelle et un pays où la culture fait partie du domaine privilégié du pouvoir. Ce qui change la donne* ».

Ce poids du passé, et de cette conception de la culture, explique sans doute pourquoi les nominations dans les autres pays font preuve d'une diversité beaucoup plus forte dans les profils recrutés, que ce soit en termes de sexe, de nationalité ou de parcours. Le Victoria and Albert Museum de Londres a ainsi recruté, voilà quelques années, l'Allemand Marcus Roth. Et, à l'été 2015, la nomination de sept directeurs européens (trois Allemands, deux Autrichiens, un Français et un Britannique) pour de grands établissements italiens, voulue par Matteo Renzi et son ministre des Biens culturels Dario Franceschini, a fait grincer des dents dans la Péninsule. « *Pour un de nos grands musées, j'aurais voulu nommer un Allemand dont le profil était parfait,* se défend Aurélie Filippetti, quand on l'interroge sur le sujet. *Mais il était payé 30 à 40 000 euros, bien au-delà de ce qu'on peut se permettre.* »

L'ancienne ministre de la Culture insiste sur sa réussite en matière de féminisation des grands postes, en rappelant « *être partie d'un monde où on avait 20 % de femmes qui candidataient, avec une forte autocensure par crainte de ne pas être retenues. Au bout de deux ans, on avait 50 % de femmes qui candidataient* ». Ce souci, qui n'a pas été doublé d'une même attention à la diversité d'origines, a survécu au départ d'Aurélie Filippetti du gouvernement comme l'ont montré les nominations à de très hauts postes de Muriel Mayette, Sylvie Hubac ou, tout récemment, de Laurence Engel à la BNF, après Frédérique Bredin à la présidence du CNC ou Sophie Makariou à la tête du Musée Guimet.

LES CONSERVATEURS DES MUSÉES, LES UNIVERSITAIRES, LES PERSONNALITÉS DU MONDE DU SAVOIR ET DE LA CULTURE, ONT ÉTÉ PROGRESSIVEMENT ÉCLIPSÉS PAR DES ADMINISTRATEURS FORMÉS À L'ENA.

Mais si Sylvie Hubac et Laurence Engel sont des femmes, elles ont toutefois, en matière de nomination culturelle, surtout l'avantage d'être des énarques et de correspondre ainsi aux profils de plus en plus standardisés parmi lesquels se recrutent les plus hauts postes de la fonction publique culturelle. En effet, les conservateurs des musées, les universitaires, les personnalités du monde du savoir et de la culture, ont été progressivement éclipsés par des administrateurs formés à l'ENA, des gestionnaires compétents mais rarement pétris d'histoire de l'art. Au Centre Pompidou, à la BNF, à la RMN, mais aussi au musée du Quai Branly, dirigé depuis sa création par Stéphane Martin, au château de Fontainebleau, ou au Musée des Civilisations de l'Europe et de la Méditerranée (MuCEM) à Marseille, dont la direction vient d'être confiée à Jean-François Chougnet, les têtes dirigeantes sont toutes des énarques. Parmi les grands établissements, le Louvre échappe encore à cette tendance. Jusqu'à quand ? Avant 1993, son président-directeur devait obligatoirement être issu du corps des conservateurs. La tradition perdure depuis, à l'image de la nomination, en avril 2013, de Jean-Luc Martinez. « *Au Centre Pompidou, le président n'est pas le directeur du musée, c'est l'ensemblier de plusieurs*

LES NOMINATIONS DANS LES AUTRES PAYS FONT PREUVE D'UNE DIVERSITÉ BEAUCOUP PLUS FORTE DANS LES PROFILS RECRUTÉS, QUE CE SOIT EN TERMES DE SEXE, DE NATIONALITÉ OU DE PARCOURS.

entités, dont le musée ou la Bibliothèque Publique d'Information (BPI) » explique Fleur Pellerin, qui précise, à propos du choix de Serge Lasvignes, ancien secrétaire général du gouvernement et énarque : « *C'est un excellent recrutement même si, compte tenu de ses états de services, ce n'est pas la personne à qui j'aurais pensé spontanément en premier.* »

Une politique culturelle à réinventer

Qu'ils viennent de l'ENA ou d'ailleurs, « *les nominations ne sont pas l'essentiel d'une politique culturelle*, juge toutefois Claude Mollard qui fut le bras droit de Jack Lang et vient de publier aux PUF un ouvrage intitulé *La Culture est un combat*, sur les années Lang-Mitterrand. *Si on ne fait que de l'administration et de la gestion, on ne fait que des nominations* ». D'autant que la réduction de la politique culturelle au pouvoir de nommer, en se concentrant sur les établissements et leurs chefs, qu'ils soient grands ou petits, insiste sur les équipements plus que sur les équipes, sur les fonctions plus que sur les fonctionnements, sur les individus plus que sur les idées. « *L'essentiel ce sont les projets et, si les projets sont bons, il n'est pas difficile de trouver les bonnes personnes pour les mener*, poursuit Claude Mollard. *Nous avons une bonne administration culturelle en France, mais il faut savoir la mobiliser. Si vous avez une armée et que vous voulez vaincre, il ne faut pas laisser vos troupes en caserne, sinon ils se mettent à jouer et à boire. Quand on n'a rien d'autre à faire, on bataille sur les nominations, qui demeurent un épiphénomène.* »

In fine, le choix des hommes et des femmes amenés à diriger les grandes institutions publiques de la culture ne prêterait peut-être guère à discussion si cette décision ne représentait pas l'alpha et l'oméga d'une politique culturelle, ou si elle était articulée à une politique culturelle ambitieuse, claire et visionnaire. Celles et ceux qui défendent encore aujourd'hui l'acte souverain en matière de nominations manquent souvent d'un projet cohérent et entraînant, susceptible de répondre aux mutations démocratiques, économiques et numériques du monde culturel. « *Le cœur de la politique culturelle est, d'une part, une gestion néocorporatiste des professions artistiques (le ministère des artistes) et, d'autre part, et c'est de plus en plus important, la régulation des industries culturelles, fortement modifiée par la "révolution numérique"* », juge Philippe Poirrier qui a bien identifié, dans ses différents livres, la manière dont l'objectif de « démocratisation culturelle » (la culture pour tous), qui a longtemps servi de cap, avait en catimini été abandonné au

DANS UN CONTEXTE DE DÉSENGAGEMENT NON SEULEMENT FINANCIER MAIS AUSSI IDÉOLOGIQUE DE L'ÉTAT, CELUI-CI LAISSE LA CULTURE S'ADAPTER.

CE QUI FRAPPE C'EST L'AVEUGLEMENT ET LE MANQUE D'IDÉES ET D'IMAGINATION DE CEUX QUI PRÉTENDENT ENCORE GOUVERNER LA CULTURE.

profit d'une sorte de « démocratie culturelle » de façade (la culture de tous et par tous), dans un contexte de désengagement non seulement financier mais aussi idéologique de l'État. Celui-ci laisse, ainsi que l'explique Antoine de Baecque, la culture s'adapter « *aux deux grands mouvements qui la restructurent : la reterritorialisation de ses enjeux au sein des régions et des municipalités françaises, et la libéralisation de son marché et de sa consommation* ».

Face à ce constat, ce qui frappe c'est l'aveuglement et le manque d'idées et d'imagination de ceux qui prétendent encore gouverner la culture. La scène tirée du documentaire d'Yves Jeuland *Un temps de Président* a fait le tour du Web. On y voit Fleur Pellerin, à peine nommée ministre de la Culture, écouter les conseils du Président et du Premier ministre. « *Il y a plein d'idées qu'on peut avoir. La force de Lang, c'était ça, quand même ! Il était capable d'avoir des idées. Il faut des idées. Vois Jack ! Il a des idées !* » dit François Hollande. « *Vois-le ! Il sera ravi !* » complète Manuel Valls, comme si la gauche gouvernementale, pas plus que la droite, n'était capable de dépasser le « stade Jack Lang » de la politique culturelle, plus de trois décennies après son élaboration.

Un dépassement qui supposerait sans doute d'abord une ambition accrue en matière culturelle, passant moins par le Mercato des grands postes que par un grand plan pour l'éducation artistique et culturelle. Mais aussi peut-être, ainsi que le juge Antoine de Baecque, de cesser « *de croire que les politiques culturelles fortifieraient la démocratie, entretiendraient la citoyenneté et lutteraient contre les inégalités sociales* ». Ceci afin de ne pas creuser plus encore le gouffre entre les moyens politiques, financiers et idéologiques des politiques culturelles et les effets qu'on peut en attendre. Gouffre qui s'élargit sans cesse et ne sera jamais comblé par quelque personne providentielle placée à la tête de telle ou telle institution.

LES ÉTUDIANTS CONTRE LES STATUES DE L'EMPIRE

Rhodes must fall, le mouvement sud-africain qui veut décoloniser les campus

PAR ISABELLE MAYAULT

Commencé à l'initiative d'un petit groupe d'étudiants au pied de la statue de Cecil Rhodes sur le campus de l'université sud-africaine du Cap (UCT), le mouvement Rhodes must fall (« Rhodes doit tomber », du nom du colonialiste et magnat des mines britannique) a depuis entraîné dans ses revendications de déboulonnage réel et symbolique certains campus parmi les plus prestigieux du monde anglo-saxon. Unique par sa forme et sa durée, Rhodes must fall articule de façon innovante le courant de pensée antiraciste avec les théories décoloniales. Et nourrit l'ambition de défaire les campus d'Afrique du Sud, d'Angleterre et des États-Unis, mais plus largement toute forme de pensée intellectuelle, des valeurs héritées de la colonisation.

Chumani Maxwele, étudiant en sciences politiques, s'était fait connaître en 2010 pour avoir fait un « *geste obscène de la main* » en direction du convoi du président sud-africain Jacob Zuma, alors en visite dans la ville du Cap. Rien d'étonnant, donc, à retrouver ce boursier provocateur, fils d'un père mineur et enfant des *townships*, jetant des excréments à la tête de bronze du magnat des mines le plus iconique du colonialisme de la Couronne, Cecil Rhodes, en mars 2015. Ce qui a par la suite été qualifié de « *poo protest* » aurait pu s'arrêter là. Mais, deux jours plus tard, 2 000 étudiants se rassemblaient à leur tour devant le « Colosse », grimé sans réalisme dans une pause contemplative à la Rodin. Début avril, la direction de l'université acceptait de retirer la statue. Une première victoire. Un an après, ce n'est pas seulement au Cap mais dans plusieurs établissements d'Afrique du Sud, à Oxford en Grande-Bretagne, et jusque dans les rangs de l'Ivy League, qui regroupe les plus prestigieuses universités américaines (comme Harvard ou Princeton), que l'anniversaire du mouvement Rhodes must fall a été célébré.

Les jeunes frondeurs auraient été sensibilisés par des mouvements sociaux en cours sur le campus de UCT, initiés par les employés en charge de l'entretien de l'établissement qui se plaignaient de leurs conditions de travail – à l'automne dernier, leurs demandes ont abouti à un accord historique avec la hiérarchie de l'université. Sur le fond, la revendication était large, mais simple : débarrasser le campus de toute forme de colonialisme.

Rhodes, un héritage controversé et encombrant

Ils ont choisi de commencer ce vaste chantier par la figure hautement symbolique de Cecil Rhodes (1853-1902). Ce dernier a fait fortune dans le diamant en Afrique du Sud après avoir brièvement tenté sa chance dans le coton. Il est le fondateur du conglomérat De Beers. Pour faire prospérer ses intérêts économiques autant que sa vision agressive de l'expansion britannique, Rhodes est devenu parlementaire en Afrique du Sud et propriétaire de plusieurs journaux. Son influence a été décisive dans la création de lois telles que le *Glen Grey Act* (1895), qui visait à réduire le droit foncier pour les Africains et à leur imposer des taxes qui les forceraient à entrer sur le marché du travail. En 1896, il s'est intéressé aux territoires au nord du fleuve Limpopo, le Zimbabwe et la Zambie actuels, qu'il a respectivement baptisés Rhodésie du Sud et Rhodésie du Nord, en hommage à lui-même. Il y a été le promoteur d'une répression brutale, décriée par certains de ses contemporains, comme l'écrivain et militante pacifiste Olive Schreiner. Une répression aujourd'hui considérée comme de nature génocidaire. À sa mort, il était l'un des hommes les plus riches du monde.

RHODES AVAIT FAIT BAPTISER LE ZIMBABWE ET LA ZAMBIE ACTUELS, RHODÉSIE DU SUD ET RHODÉSIE DU NORD, EN HOMMAGE À LUI-MÊME.

Certains ont reproché aux partisans de Rhodes must fall de réécrire l'histoire en assenant que Rhodes, après tout, était « *un homme de son temps* ». Il est vrai que, de son vivant déjà, Rhodes suscitait la controverse. À tel point qu'après son coup d'État raté contre une république australe voisine, l'État boer indépendant du Transvaal, Rhodes a été accusé d'être à l'origine de la seconde guerre contre les Boers. Un article de la *North American Review* publié en 1900, et intitulé avec prémonition « L'avenir de Cecil Rhodes », témoigne du caractère controversé du personnage. Rédigé par une princesse anglaise, résidente sud-africaine, en réponse aux attaques d'un colonel de l'armée britannique formulées contre Cecil Rhodes, ce texte rappelle à la fois que « *Rhodes a toujours eu des ennemis* », qu'il est le « *représentant d'un impérialisme éclairé* » et qu'il a « *créé l'Afrique du Sud* », traçant des routes, imposant le télégraphe, asséchant les marais, taillant les forêts, bref, faisant ce que les nostalgiques du colonialisme disent toujours que le colonialisme a accompli.

DE SON VIVANT DÉJÀ, RHODES SUSCITAIT LA CONTROVERSE.

Malgré ce bilan contradictoire et violent, plusieurs monuments dans la ville du Cap sont encore aujourd'hui dédiés au Colosse. Il existe même une fondation Mandela-Rhodes, un nom en forme d'oxymore, qui offre des bourses à de jeunes Africains souhaitant étudier en Afrique du Sud au-delà du master. Comme le relevait, dans un entretien radiophonique réalisé au début du mouvement, le professeur à la retraite Paul Maylam, de l'Université de… Rhodes, située dans la ville de Grahamstown, en Afrique du Sud : « *Du côté de la Rhodésie, où Rhodes a été un symbole si prégnant, les noms ont été changés, ces symboles effacés. En Afrique du Sud, on pourrait dire que c'est le contraire. Tout a été conservé, en particulier au Cap, ce qui explique qu'il y ait de la marge pour ce que j'appellerais de la décolonisation symbolique.* »

À la lumière du message laissé par Rhodes dans son testament – « *Je crois fermement que nous sommes la plus grande race du monde et que, plus nous occupons le monde, mieux ce sera pour la race humaine* » –, cet héritage pose question. Et, précisément, cette question a été posée par une génération sud-africaine techniquement « *née libre* », selon l'expression de Nelson Mandela – c'est-à-dire dans une Afrique du Sud post-Apartheid –, mais pas pour autant postraciale. « *C'est une génération très politisée*, analyse Elleke Boehmer, professeure de littérature mondiale à Oxford et ancien membre du jury du Man Booker Prize International, elle-même d'origine sud-africaine. *Ils sont nés libres, mais quand ils regardent autour d'eux... il y a la "kleptocratie" rampante de Zuma et, dans leur environnement proche, à l'Université, ils voient que seuls un nombre très réduit de professeurs sont noirs.* » En 2012, les enseignants blancs représentaient 53 % des effectifs en Afrique du Sud, un pays où les Blancs ne comptent que pour 8 % de la population. Et, sur les 60 % d'étudiants noirs qui passent de la première à la deuxième année de fac, seuls 15 % sortent de l'Université avec un diplôme.

EN 2012, LES ENSEIGNANTS BLANCS REPRÉSENTAIENT 53 % DES EFFECTIFS EN AFRIQUE DU SUD, UN PAYS OÙ LES BLANCS NE COMPTENT QUE POUR 8 % DE LA POPULATION.

Parti de UCT, le mouvement Rhodes Must Fall a ensuite prospéré dans d'autres campus du pays, gagnant quelques batailles significatives au passage. Comme cette statue de Totius, le Rhodes version Afrikaner, qui a été retirée de la très conservatrice Université de Pukke, la seule du pays où les cours sont dispensés uniquement en afrikaans, langue issue du néerlandais. Évoluant avec humour sur Twitter au fil des événements (#Rhodesmustfall, #Rhodesisfalling, #Rhodeshasfallen), le mouvement universitaire a culminé le 23 octobre 2015 en une marche devant la résidence présidentielle à Pretoria, les Union Buildings, marche qualifiée par la presse nationale de plus grand soulèvement de la jeunesse depuis celui de Soweto, en 1976. À Soweto, les étudiants noirs manifestaient contre l'introduction de l'afrikaans comme langue d'enseignement, et l'intervention de la police avait fait vingt-trois morts. À Pretoria, c'est une éducation de qualité et accessible pour tous qui était demandée, avec le refus de l'augmentation des frais de scolarité, donnant naissance à de nouveaux hashtags : #feesmustfall, et même #zumamustfall. Le président Zuma a annoncé, peu de temps après, que les frais universitaires ne subiraient finalement pas de hausse.

« *RHODES A OFFERT LE TERRAIN SUR LEQUEL L'UNIVERSITÉ DU CAP A ÉTÉ CONSTRUITE, ET IL A LUI-MÊME ÉTUDIÉ À OXFORD* », RAPPELLE ELLEKE BOEHMER.

Le retour de bâton colonial

Le choix de Rhodes est intéressant aussi parce qu'il a permis de faire le pont entre l'Afrique du Sud et l'Angleterre, UCT et Oxford, donnant au mouvement sa première impulsion internationale. « *Rhodes a offert le terrain sur lequel l'Université du Cap a été construite, et il a lui-même étudié à Oxford* », rappelle Elleke Boehmer. Il a également donné son nom à une bourse, la bourse Rhodes, qui est devenue l'une des plus prestigieuses du monde universitaire anglo-saxon. Sans surprise, ou presque, c'est un étudiant sud-africain qui a été l'un des initiateurs de Rhodes Must Fall à Oxford. Ancien chargé de cours à UCT, au Cap, Ntokozo Qwabe est aujourd'hui élève en licence de droit civil à Oxford. On lui doit entre autres cette sortie, publiée sur sa page Facebook : « *J'en ai marre de cette bouffonnerie qui consiste à dire que j'aurais mieux fait de rester dans MON université en Afrique plutôt que d'aller dans LEURS écoles et de demander que les choses changent.* » Quand il a été su que Qwabe était bénéficiaire de la bourse Rhodes, les attaques ont plu, lui reprochant, en particulier, son « *hypocrisie* ». Le débat était lancé.

LA DEMANDE DU RETRAIT DE LA STATUE DE RHODES À OXFORD A ÉGALEMENT ÉTÉ LE POINT DE DÉPART DU MOUVEMENT RHODES MUST FALL OX.

D'abord formulée au printemps 2015, puis médiatisée à partir de l'automne, la demande du retrait de la statue de Rhodes à Oxford a également été le point de départ du mouvement Rhodes Must Fall OX. Puis, le mouvement a grossi en faveur d'une revendication plus large, la « *décolonisation du campus* », qui a pris là encore la forme de manifestations dans l'enceinte même de l'université. Le 9 mars 2016, la marche qui rassemblait plusieurs centaines de personnes demandait entre autres, et avec humour, que la bourse Rhodes soit renommée bourse « Decolonize ! ». Mais, à Oxford, la statue de Rhodes est restée sur son socle, suite aux pressions formulées par les généreux donateurs de l'Oriel College (un des collèges constitutifs de l'Université d'Oxford – il y en a trente-huit en tout, qui accueillent quelque 20 000 étudiants). « *Notre expérience avec l'administration d'Oriel a été mauvaise*, témoigne Femi Nylander, étudiant en philosophie politique et économie, et membre actif de Rhodes must fall. *La hiérarchie de l'université a été très embarrassée par cette histoire. Depuis, ils ont fait de petits pas dans notre direction. Mais, dans l'ensemble, leur réaction a été bien plus timide que ce qu'il aurait été convenable de faire.* »

LE RACISME OXFORDIEN ORDINAIRE RESSORT DE NOMBREUX TÉMOIGNAGES.

Depuis, le mouvement a pris la forme d'une longue joute verbale, par articles, réseaux sociaux et débats *in vivo* interposés. On n'en attendait pas moins d'Oxford. Parmi les articles publiés, certains s'emploient à sortir de la binarité du « nous » *versus* « eux ». C'est une ancienne élève de l'Oriel College qui, dans *The Guardian*, déplore que le mouvement se focalise sur le démantèlement de la statue, soulignant que ce n'est pas ça qui va faire disparaître le racisme institutionnel du campus. C'est ce professeur de lycée, résident en Angleterre et d'origine sud-africaine, qui, dans *Life*, se désole que le mouvement puisse à l'avenir décourager des étudiants noirs de postuler. Le racisme oxfordien ordinaire ressort en effet de nombreux témoignages. Des petites phrases cruelles, adressées aux minorités visibles, telles que « *Comment avez-vous entendu parler de cette université ?* ». Lord Patten, le recteur d'Oxford, blanc, âgé de soixante et onze ans et ancien gouverneur de l'Empire à Hong-Kong – « *pas exactement un radical* », selon Femi Nylander –, a pour sa part choisi de minimiser le problème, réduisant les frondeurs à des hypersensibles qui ne supportaient pas d'être exposés à une idée avec laquelle ils seraient en désaccord. « *D'une certaine façon, la situation initiale est tellement déplorable que ça rend les choses faciles pour nous*, développe Femi Nylander. *Les réactions que le mouvement a suscitées traduisent à quel point les gens ont été dans le déni sur cette question.* »

Des influences intellectuelles et un répertoire politique singuliers

Il est vrai que le démantèlement de la statue n'aurait pas eu d'effet direct sur le racisme institutionnel dont il est question. Mais critiquer le choix de la statue comme objet de vindicte revient à passer à côté de la teneur politique des statues, qu'on les dresse ou qu'on les défasse. On se souvient de celle de Saddam Hussein, à Bagdad, démontée en 2003 au moyen de cordes par l'armée américaine. Tout récemment, la ville de Calais a décidé de construire une statue de

Churchill et de De Gaulle main dans la main, espérant ainsi redorer son image auprès des Britanniques.

Mais, au-delà du symbole, le mouvement Rhodes must fall s'est inscrit dans la durée et continue d'innover, tant par ses formes que par les lieux où il se déploie. Ce sont désormais Harvard, Princeton, Amherst et d'autres illustres universités américaines qui poursuivent le travail commencé au Cap il y a un an, en invitant d'autres figures que celle de Rhodes dans cette conversation sur le passé que les étudiants tentent de mener à terme. À Harvard, un Bureau de la diversité et de l'inclusion a été créé à cette occasion. Sa première proposition, à ce jour non retenue par la hiérarchie, fut de lancer un «*audit de la diversité*» qui permettrait de prendre la mesure des phénomènes de racisme et d'inégalité déjà largement soulignés à Oxford et à UCT. Une autre proposition consista à substituer au nom de Royall – un esclavagiste ayant légué une partie de sa fortune à Harvard – celui de Belinda Hall, pour faire honneur à la mémoire de la première ancienne esclave à avoir demandé réparation au gouvernement pour ses années de «travail» chez… Isaac Royall.

À OXFORD, LE MOUVEMENT A DEMANDÉ QUE LA BOURSE RHODES SOIT RENOMMÉE BOURSE «DECOLONIZE!».

Quand des élèves de Princeton, enfin, s'interrogent sur l'héritage idéologique du président Wilson – ancien recteur de l'université, président des États-Unis, mais aussi ardent défenseur de la ségrégation raciale, et qui a tout fait pour transformer cette dernière en lois fédérales –, alors ce n'est plus de relire l'histoire qu'il est question, mais d'affronter ce que l'écrivain Junot Diaz appelle «*cette forme ridicule d'amnésie libérale*». Derrière le mouvement Rhodes must fall sont en jeu une ferme «*substitution de la parole*» et une «*posture de reconquête*», pour reprendre les mots prononcés par Alain Mabanckou au Collège de France, en mars 2016, à propos des mouvements littéraires du siècle dernier issus de la francophonie noire. Lors de cette leçon inaugurale, l'écrivain a rappelé que les auteurs étudiants des revues telles que *La Revue du monde noir*, *Légitime Défense* ou encore *Présence Africaine* ont été menacés par le gouvernement français de perdre leurs bourses s'ils continuaient de les écrire, faisant penser au tourbillon contestataire de Rhodes must fall. «*Jusqu'où ça peut aller?* répète pensivement Adam Cooper quand la question lui est posée. *C'est difficile à dire,* poursuit ce thésard à Oxford et militant de longue date dans les mouvements étudiants (contre la guerre en Afghanistan et en Irak, ou encore en solidarité avec la Palestine). *C'est en marchant que nous traçons le chemin. Ce dont nous sommes conscients, en revanche, c'est que ce sont des endroits comme Oxford qui donnent forme à la politique étrangère et à l'économie britanniques.* »

Si Rhodes must fall ne ressemble à aucun autre mouvement, on est toutefois tenté de lui chercher une paternité. Aurait-il l'ampleur du mouvement des droits civiques américain des années 1960, le pouvoir d'engendrer des changements sociaux aussi profonds? «*Je ne peux pas m'empêcher de penser qu'il existe une similitude entre le contexte des années 1960 aux États-Unis, c'est-à-dire la guerre du Vietnam, et le phénomène d'immigration de masse vers l'Europe auquel nous assistons aujourd'hui*, analyse Elleke Boehmer. «*Nous avons travaillé en collaboration avec des universitaires qui avaient connu les années 1960, et nous lisons ce qui a été écrit à cette époque, donc la relation entre ce mouvement et le nôtre est positive*, résume pour sa part Adam Cooper. *Mais nous avons aussi des affinités avec des contemporains, comme le mouvement américain Black Lives Matter, puisqu'il y est question de la déshumanisation des hommes noirs. Nous entretenons d'ailleurs des contacts informels avec eux.* »

HÉRITIÈRE DES ÉCRITS DE FRANTZ FANON, LA DÉCOLONIALITÉ EST UNE « *PENSÉE FRONTALIÈRE* » QUI INVITE À LA DÉSOBÉISSANCE.

Une autre influence se dessine dans les campus en ébullition, celle non pas d'un mouvement, mais d'un courant de pensée : la décolonialité. Formulée par des chercheurs en sciences humaines, souvent latino-américains, se revendiquant comme faisant partie « *du tiers-monde* », la décolonialité est apparue dans les années 1990, à peu près au moment où, en Occident, était célébrée la « fin de l'Histoire ». Héritière des écrits de Frantz Fanon, la décolonialité est une « *pensée frontalière* » qui invite à la désobéissance, et même, selon l'expression de Walter Mignolo, l'un de ses principaux théoriciens, à la « *déprise* ». « *On se déprend une fois qu'on a réalisé que son infériorité n'est autre qu'une fiction créée pour dominer, et qu'on ne désire ni s'assimiler ni accepter avec résignation la malchance d'être né égal à tous les êtres humains mais d'avoir rapidement perdu cette égalité du fait de son lieu de naissance. Se déprendre signifie refuser les options disponibles* », écrit Walter Mignolo dans son article « Géopolitique de la sensibilité et du savoir » publié en 2013 dans la revue *Mouvements*.

Comme les partisans de Rhodes must fall, la pensée décoloniale part du postulat que la décolonisation n'a pas entraîné la décolonialité ; que les structures de pouvoir actuelles continuent à être organisées autour de l'axe colonial ; et qu'il existe des liens structurels entre colonialisme et modernité, ce qu'Anibal Quijano appelle la « *matrice coloniale* ». Il s'agit d'une méthode, plus que d'une théorie, qui consiste à se défaire de cette « *matrice* » et de tout ce qu'elle produit comme discrimination sociale, en pensant et en agissant, en remettant en question et en problématisant la nature du pouvoir tel qu'il émerge et se diffuse encore aujourd'hui depuis l'Occident vers le reste du monde. « *Beaucoup de gens s'intéressent de près à la manière dont on articule l'antiracisme et la pensée décoloniale* », confirme Adam Cooper.

En 1963, trois mois avant son assassinat, Malcolm X prononçait à l'Union Hall, haut lieu de débats oxfordien, un discours faisant écho au mouvement actuel : « *L'une des ruses de l'Occident, c'est de créer des images. Ils créent l'image d'une personne qui ne correspond pas à leur point de vue, et ils font en sorte que cette image soit détestable, que, quel que soit ce que cette personne a à dire, sa parole soit alors rejetée* [...]. *Peut-être que si d'autres avaient été au pouvoir, ils auraient fait la même chose, mais, pendant les siècles derniers, c'est l'Occident qui avait le pouvoir, et c'est l'Occident qui a créé les images, et ils ont utilisé ces images avec succès et avec talent. C'est pourquoi, aujourd'hui, nous avons besoin d'un peu d'extrémisme pour redresser une situation déplorable.* »

N'en déplaise aux Lord Patten de ce monde, le mouvement Rhodes must fall est sans doute appelé à durer. S'il fallait n'en retenir qu'une, pour cette raison seule : parce que le futur arrive souvent plus vite que prévu.

LA DROITE EXTRÊME À L'ASSAUT DU LIVRE

L'édition française gangrenée par la pensée rance

PAR ELLEN SALVI

On pouvait penser le monde feutré de l'édition protégé de la droite extrême, mais ses thèmes de prédilection – le « déclin français », la « menace migratoire » ou le « danger de l'islam » – se sont emparés des livres. Non seulement chez des petits éditeurs engagés dans la droite radicale, qui font florès, mais au cœur même des grandes maisons, sans attaches idéologiques particulières, qui n'ont plus de scrupule à faire paraître ce qui serait, il y a peu, resté confiné dans leurs marges. Ce glissement généralisé trouve sa source dans un phénomène qui n'a fait qu'empirer depuis deux décennies : la concentration capitalistique et l'abandon des postes clés de l'édition à des gestionnaires, que la recherche de profit pousse à publier des auteurs identitaires et réactionnaires – comme Laurent Obertone, Éric Zemmour, Robert Ménard ou Richard Millet –, en flattant l'air du temps pour accéder au classement des meilleurs ventes.

C'est une histoire germanopratine qui aurait pu rester confinée aux murs du Café de Flore si elle n'était pas révélatrice d'un mouvement intellectuel profond. Début mars, l'éditeur et écrivain Richard Millet se confie au *Point*[1] pour dénoncer le « *Système* » – avec un grand « S » – dont il se dit victime. Tout juste convoqué par Gallimard pour un entretien préalable à un licenciement, celui que l'on surnomme le « *faiseur de Goncourt* » (il est à l'origine des *Bienveillantes* de Jonathan Littell et de *L'Art français de la guerre* d'Alexis Jenni, qui ont reçu le célèbre prix en 2006 et 2011) pense tenir entre ses mains l'illustration parfaite de ce qu'il dénonce depuis plusieurs années : le musellement, par la « *gauche morale* », de tous ceux qui ne vont pas dans le sens de la doxa. Parce qu'il a signé un texte au vitriol sur Maylis de Kerangal, auteure publiée chez Verticales, une filiale de Gallimard, sa maison d'édition le met à pied. Le couperet de l'entre-soi est tombé. Les apôtres de la bien-pensance ont encore frappé.

La « liberté d'expression » contre les « bien-pensants »...

« *J'oubliais qu'on est en France et qu'il n'est pas possible de dire la vérité dans le milieu littéraire, à cause de la consanguinité des rôles et du cumul des mandats (romanciers, journalistes, jurés, etc.)* », s'agace Millet, qui n'est pourtant pas le dernier à cumuler. Écrivain et éditeur donc, il dirige également *La Revue littéraire* des éditions Léo Scheer – dans laquelle fut publié le texte incriminé « Pourquoi la littérature de langue française est nulle » –, et collabore avec *Le Point* – qui en a repris l'extrait consacré à Maylis de Kerangal. Longtemps, il fit partie de cette caste littéraire qu'il conspue aujourd'hui. C'était avant 2012. Avant que n'éclate la première « affaire Millet ». Avant que l'écrivain ne publie aux éditions Pierre-Guillaume de Roux un roman, *Intérieur avec deux femmes*, et deux essais, *De l'antiracisme comme terreur littéraire* et *Langue fantôme*, suivi d'*Éloge littéraire d'Anders Breivik*. Dans ce dernier texte, le plus court de tous, il s'employait à dénoncer les « *ravages du multiculturalisme* » à travers l'exemple du terroriste norvégien d'extrême droite qui a tué soixante-dix-sept personnes sur l'île d'Utøya et à Oslo le 22 juillet 2011. Dix-sept pages de folie personnelle qui provoquèrent un véritable tollé, des dizaines et des dizaines d'articles, des attaques dans tous les sens. Mais jamais de *mea culpa*.

ÉLOGE LITTÉRAIRE D'ANDERS BREIVIK : DIX-SEPT PAGES DE FOLIE PERSONNELLE QUI PROVOQUÈRENT UN VÉRITABLE TOLLÉ. MAIS JAMAIS DE MEA CULPA.

« *Choqué par les idées* » exprimées dans cet ouvrage, Antoine Gallimard, le patron de la célèbre maison d'édition, n'en tira dans un premier temps aucune conclusion, dans l'espoir de conserver son « *faiseur de Goncourt* ». Ce n'est qu'après la parution d'une tribune [2] cosignée par Annie Ernaux et plus d'une centaine d'écrivains, que fut prise la décision d'écarter Millet du puissant comité de lecture de Gallimard, structure décisionnaire de la maison. Pas encore celle de le licencier. Depuis, à l'en croire, l'homme vivait reclus chez lui, où, « *coupé de tout rapport avec d'autres écrivains* », il lisait « *scrupuleusement* » cinq manuscrits par semaine. Abandonné, banni, par les siens pour avoir exprimé ses opinions. « *De général, j'étais devenu simple soldat* », souligne cet amateur de métaphores guerrières. Pendant cette période, Millet ne s'est pas contenté de lire. Il a aussi écrit. Beaucoup. Ainsi cet autoproclamé paria de l'édition française a-t-il publié, entre fin 2012 et début 2016, pas moins de dix-sept ouvrages, dont deux chez Gallimard et un autre chez Plon. Il a également nourri ses obsessions identitaires sur son site officiel [3], où plus de cinquante chroniques ont paru ces deux dernières années.

Ici, plus de censure. Plus d'interdits. L'écrivain peut en toute liberté décliner son aversion pour le multiculturalisme et mettre en scène son fantasme minoritaire face aux « *hordes d'Africains* » qui remplissent les bus, dans ces « *territoires hostiles, peuplés de non-Français en majorité favorables au djihad* ». La haine du monde et de l'autre, surtout quand il n'a pas la peau blanche, suinte de la moindre anecdote.

« *Une hôtesse d'accueil me demande où je vais : "À Paris." "Où ça, Paris ?" "Contentez-vous de savoir que je vais à Paris…" ai-je répondu à cette désagréable Asiatique dont je comprenais si mal le langage qu'on pouvait la croire prélevée dans un lot de migrants* », écrit-il le 17 novembre 2015, à son retour de Syrie, où il venait de rencontrer Bachar El-Assad en compagnie d'une poignée de députés. « *Ce qui me gêne, dans cette affaire, ce n'est pas qu'une réforme échoue (gouverner, en France, c'est reculer devant trois syndicalistes et dix étudiants qui braillent dans la rue)*, note-t-il plus récemment au sujet de la loi Travail, portée par la ministre Myriam El Khomri. *C'est surtout qu'une loi aussi importante puisse porter un nom arabe : n'est-ce pas là un signe, parmi tant d'autres, de l'islamisation de la République ?* » En défense de leur collaborateur, les éditions Léo Scheer se sont alors dépêchées de republier, en mars 2016, *L'Affaire Richard Millet. Critique de la bien-pensance*, paru initialement en 2013 aux éditions Jacob Duvernet, dans lequel la romancière et collaboratrice de *La Revue littéraire* Muriel de Rengervé dénonce les « *pratiques staliniennes* » qui ont conduit, selon elle, à la « *mise à mort sociale* » de l'écrivain.

Gallimard n'a jamais réagi aux chroniques de son éditeur. Pas plus qu'il ne s'est ému du fait que ce dernier emploie l'expression « *Jaunes* » pour parler des personnes d'origine asiatique ou fasse des comparaisons douteuses entre le « *pouvoir homosexuel* » et l'État islamique. Mais il a en revanche choisi de licencier Millet pour avoir critiqué une auteure maison, apportant ainsi de l'eau à son moulin de martyr de la pensée unique. « *Je n'approuvais pas ses prises de position, mais il ne s'agissait pas d'actions malveillantes contre la maison et ses collaborateurs*, se justifie Antoine Gallimard. *Cette fois-ci, ça relevait du dénigrement. Tout salarié de la maison doit garder une certaine réserve.* » S'il reconnaît qu'il n'aurait « *peut-être pas embauché Richard Millet aujourd'hui* », quoi qu'il ait toujours été « *content de son travail* », le patron des éditions Gallimard assure qu'il n'aurait jamais publié les pamphlets de son ancien éditeur. C'est pourtant sous la célèbre couverture de la collection Blanche que sortit, en 2008, *L'Opprobre*, dans lequel Millet écrivait par exemple qu'« *il n'est pas impossible que les attentats du 11 septembre soient une mise en scène américaine à capitaux saoudiens* ».

LA PENSÉE NÉORÉACTIONNAIRE, LOIN DE CHOQUER, A FINI PAR IMPRÉGNER LES CATALOGUES DES MAISONS CLASSIQUES.

Loin d'être un épiphénomène, le cas Millet en dit long sur les mutations de l'édition, où la pensée néoréactionnaire, loin de choquer, a fini par imprégner les catalogues des maisons classiques, mais aussi les grandes revues, comme *Le Débat* ou *Commentaire*, respectivement dirigées par le conservateur Marcel Gauchet et l'économiste libéral Jean-Claude Casanova. L'affaire qui porte désormais son nom rappelle à plus d'un titre celle que suscita, en 2000, la parution de *La Campagne de France*, livre dans lequel Renaud Camus « *notait* » la surreprésentation de journalistes juifs sur France Culture. Refusé par son éditeur historique, P.O.L., le manuscrit fut finalement publié par Fayard, sous la houlette de Claude Durand, qui jamais ne renia son choix. Aux yeux de ce dernier, Camus n'était pas seulement le théoricien du « *Grand Remplacement* » (idée selon laquelle les Français seraient en passe d'être démographiquement évincés par des peuples non européens), il était surtout « *l'un des plus grands prosateurs français* ». Et, à ce titre, il pouvait écrire ce que bon lui semblait pour peu que ce soit avec style.

Mais, en 2012, nouveau rebondissement : Camus appelle à voter Marine Le Pen à la présidentielle et s'en défend dans une tribune intitulée « *Nous refusons de changer de civilisation* [4] ». Entre-temps, Claude Durand a pris sa retraite. L'écrivain n'a plus aucun pare-feu chez Fayard. La maison l'invite à poursuivre ses décomptes à compte d'auteur. Depuis lors, l'idéologue d'extrême droite passe ses journées sur Twitter. Comme Richard Millet, il a trouvé avec Internet un outil lui permettant de laisser libre cours à ses élucubrations. Les deux hommes partagent bien plus que la *geekerie* et les déboires éditoriaux. Ils ont aussi en commun le dégoût du multiculturalisme, la peur de l'islam et le sentiment de décadence culturelle des sociétés occidentales. Ils se répondent, se respectent, s'entraident.

Les deux hommes sont viscéralement attachés à la langue française et ils ont une idée bien arrêtée de ce que doit être le style. Dans la « *décadence* » généralisée, Richard Millet ne se présente pas seulement comme le « *Français de souche et de race blanche, hétérosexuel, catholique* », il se prétend également « *le dernier écrivain* » [5]. À ses yeux, le français décline vers une « *langue fantôme* », accompagnant le mouvement d'une France qui renie son identité dans le métissage. Un point de vue partagé par le philosophe décliniste Alain Finkielkraut qui ne manque jamais une occasion de déplorer l'« *appauvrissement de la langue* » et, par voie de conséquence, « *de la culture et de la tradition* » françaises. La déploration du déclin français sur le plan culturel est un motif récurrent des pamphlets de Céline, qui regrettait la montée de l'anglais comme langue internationale, mais aussi l'académisme des écrivains bourgeois qui ne laissaient, à son sens, aucune place au véritable français populaire. Dans *Bagatelles pour un massacre*, il était allé jusqu'à appeler de ses vœux un « *lyrisme aryen* », différent du français « *enjuivé* » de Proust, par exemple.

LE PHILOSOPHE DÉCLINISTE ALAIN FINKIELKRAUT NE MANQUE JAMAIS UNE OCCASION DE DÉPLORER L'« *APPAUVRISSEMENT DE LA LANGUE* »

Les auteurs néoréactionnaires ne partagent pas cet argument, déplorant au contraire le déclin du français classique par faillite de l'enseignement scolaire et par l'avènement de ce que Finkielkraut appelle le « *parler banlieue* ». Non contents de nourrir le discours politique réactionnaire classique, ils s'attribuent des fonctions de sentinelles, devenant ainsi les gardiens d'un temple littéraire accessible aux seuls auteurs qui pensent et, donc, écrivent comme eux. Dans ce panthéon, couché sur le papier par l'ancien journaliste de *Valeurs actuelles* Bruno de Cessole dans *Le Défilé des réfractaires* (L'Éditeur, 2011), se côtoient Emil Cioran, Philippe

Muray, Jean d'Ormesson, Denis Tillinac... En fronton, une question sans fondement, mais qui taraude pourtant la critique depuis (au moins) la Seconde Guerre mondiale: et s'il n'était de bonne littérature que de droite?

RICHARD MILLET ET RENAUD CAMUS BRANDISSENT LA LIBERTÉ D'EXPRESSION COMME REMPART ABSOLU AUX CRITIQUES DES « *BIEN-PENSANTS* ».

À l'instar de leurs homologues, Richard Millet et Renaud Camus brandissent la liberté d'expression comme rempart absolu aux critiques des «*bien-pensants*». L'argument se veut massue. Il est d'ailleurs répété par leurs éditeurs qui font leur la citation apocryphe, attribuée à Voltaire: «*Je ne suis pas d'accord avec ce que vous dites, mais je me battrai jusqu'à la mort pour que vous ayez le droit de le dire.*» «*Dès lors qu'il y a du talent, je serais prêt à publier mon pire ennemi*», affirme Pierre-Guillaume de Roux, fondateur de la maison d'édition éponyme dans laquelle Richard Millet a trouvé refuge en 2012. «*Toutes les opinions, même les plus critiquables, peuvent être formulées*, soutenait en 2011 Claude Durand, disparu quatre ans plus tard. *Les gens sont suffisamment adultes pour faire leur tri. Je suis hostile, par principe, à toute censure. Et donc, je suis contre la loi Gayssot. Mais je peux choisir de ne pas publier tel ou tel livre. J'admets qu'on publie toutes les opinions possibles, mais dans une démocratie où les auteurs ont le droit de choisir leurs éditeurs et les éditeurs ont le droit de choisir leurs auteurs.*»

L'édition sans éditeurs à la poursuite de l'air du temps...

Un avis partagé à sa façon par Daniel Lindenberg, auteur de *Rappel à l'ordre. Enquête sur les nouveaux réactionnaires* (Le Seuil, 2002), qui indiquait à Mediapart en 2009: «*Les éditeurs actuels sont plus commerçants qu'idéologues, ils sont guidés par ce qui va se vendre et n'hésitent donc pas à publier des textes qui sont dans l'air du temps et qui auraient été autrefois réservés aux petites maisons réputées de droite ou d'extrême droite.* [...] *Nous sommes dans une période "décomplexée", pour reprendre le vocabulaire sarkozyste. Il y a une volonté de décontaminer les pensées qui autrefois ne pouvaient pas s'exprimer librement parce qu'il y avait eu la Seconde Guerre mondiale, la décolonisation, le mouvement antiraciste, etc. Le 11 septembre 2001 a tout changé.*»

Dans *L'Antisémitisme partout* (La Fabrique, 2011), Éric Hazan et Alain Badiou confirmaient le tournant emprunté par l'édition française au début des années 2000, où l'on vit «*paraître une série d'ouvrages dénonçant l'antisémitisme des "Maghrébins"*», parmi lesquels le livre collectif dirigé par Emmanuel Brenner, *alias* l'historien Georges Bensoussan (récemment exposé pour avoir déclaré, dans l'émission *Répliques* d'Alain Finkielkraut, que «*dans les familles arabes,* [...] *l'antisémitisme [se] tète avec le lait de la mère*», ce qui valut un rappel à l'ordre du CSA à France Culture), *Les Territoires perdus de la République* ou encore *Prêcheurs de haine* de Pierre-André Taguieff, tous deux sortis aux éditions Mille et une Nuits, filiale de Fayard qui a également publié plusieurs textes de la rédactrice en chef du magazine *Causeur* Élisabeth Lévy.

«*Et de ses copains, les stigmatiseurs de banlieues*», précisait Lindenberg.

AU DÉBUT DES ANNÉES 2000, ON VIT «*PARAÎTRE UNE SÉRIE D'OUVRAGES DÉNONÇANT L'ANTISÉMITISME DES "MAGHRÉBINS"*».

Autre maison, autre obsession, même raisonnement. Sous la couverture des éditions Hugo&Cie/Blanche – à ne pas confondre avec la collection homonyme de Gallimard –, Franck Spengler, «*ancien militant communiste*», fils de la romancière Régine Deforges, publie depuis de nombreuses années le polémiste Alain Soral. Spécialisée dans la «*littérature de transgression*», en particulier érotique, la maison compte à son catalogue une dizaine de titres du président du mouvement Égalité et Réconciliation, dont le plus célèbre d'entre eux, *Sociologie du dragueur*, vendu à plus de 50 000 exemplaires à ce jour. «*J'ai la liberté d'expression chevillée au corps*, explique Spengler. *Même les pensées qui ne sont pas les miennes doivent exister. Je donne la parole à des gens à qui on la confisque. Mon rôle est de faire passer des idées. Quand vous avez une voix discordante, on tente de vous disqualifier en disant que vous êtes facho. Pour moi, le facho, c'est celui qui refuse qu'on ne pense pas comme lui.*»

L'éditeur avait déjà pris fait et cause pour Richard Millet en 2012, en réponse à la tribune initiée par Annie Ernaux: «*On savait notre littérature française moribonde, prétentieuse et nombriliste – preuve en est le peu d'intérêt que lui portent les éditeurs étrangers –, mais là nous touchons le fond, la voilà liberticide*, avait-il écrit dans *Le Monde*[6]. *Je crains fort que ce débat – qui ne devrait pas en être un – atteste à quel point les écrivains sont devenus des relais efficaces (des idiots utiles?) d'une pensée unique et uniformisante, une culture Mcdonald's en quelque sorte; bien loin des écrivains engagés qui firent l'intérêt des lettres françaises.*» Quatre ans plus tard, il persiste et signe. «*Je n'ai pas envie d'être l'éditeur de Oui-Oui*», affirme-t-il. De fait, il ne l'est pas. Alain Soral est plus adepte des «quenelles» que des balades en voiture jaune et rouge. Créateur, avec Dieudonné, d'un parti antisémite baptisé Réconciliation nationale, proche du clan des anciens du GUD (Groupe Union Défense), le polémiste est aussi l'auteur de *Comprendre l'Empire*, essai dans lequel il analyse, selon les mots des éditions Blanche, la «*lente dérive de l'universalisme républicain issu de la Révolution de 1789, vers cet agglomérat de communautarismes revendicatifs et de narcissismes hostiles qui constituent aujourd'hui la société française*». «*Il a une manière de rendre intelligibles des choses qui ne le sont pas*, avance Spengler pour expliquer le succès de Soral. *Après, il pense qu'il y a des intérêts convergents d'argent entre juifs… Je ne partage pas cette idée, mais il a le droit de la dire. D'autant que beaucoup de gens se retrouvent dans cette explication.*»

Le succès actuel des livres néoréactionnaires, voire clairement ancrés à l'extrême droite, tient à cette seule raison. C'est parce qu'ils répondent à l'idéologie dominante du moment, qu'ils s'inscrivent dans ce que l'on appelle communément l'«air du temps», qu'ils sont mis en avant par les éditeurs. On le sait, le livre n'est pas seulement un objet littéraire, c'est aussi un produit et, en tant que tel, il est soumis aux changements politiques, économiques et sociaux. Pour se vendre, il doit s'adapter. Les maisons d'édition tiennent depuis toujours l'équilibre entre le caractère idéologique d'un ouvrage et son intérêt commercial, mais le second l'emporte de plus en plus souvent sur le premier. « *Un auteur d'extrême droite qui vend bien sera publié par n'importe quel éditeur* », assure Jean-Yves Mollier, professeur d'histoire à l'université de Versailles-Saint-Quentin-en-Yvelines, spécialiste de l'histoire du livre et de l'édition.

« *UN AUTEUR D'EXTRÊME DROITE QUI VEND BIEN SERA PUBLIÉ PAR N'IMPORTE QUEL ÉDITEUR* », ASSURE JEAN-YVES MOLLIER.

Dans certains cas, pourtant, le sujet se mue en casse-tête. Fayard en a récemment fait l'expérience avec la réédition française du pamphlet antisémite d'Adolf Hitler, *Mein Kampf*. Initialement prévue en 2016, cette publication a finalement été repoussée, la maison ne souhaitant pas «*faire du buzz*» sur un tel ouvrage [7]. Après soixante-dix ans d'interdiction, *Mein Kampf* est tombé dans le domaine public le 1er janvier 2016. En Allemagne – où il est sorti accompagné d'un important appareil critique –, sa réédition a connu un vif succès. En l'espace d'un mois, 24 000 exemplaires s'en sont écoulés au prix de 59 euros. Initialement imprimé à 4 000 exemplaires, le livre a rapidement été en rupture de stock. Pour éviter qu'il ne soit récupéré à mauvais escient, Fayard a donc décidé de prendre son temps pour accompagner également le texte d'un appareil critique. Ce type de précaution, à la hauteur de l'enjeu symbolique de l'ouvrage, reste tout de même assez rare. Car un auteur plébiscité en librairie passera sans aucun problème entre les mailles de l'autocensure éditoriale. Y compris s'il véhicule les idées les plus rances.

Malgré la prolifération du discours néoréactionnaire dans le débat public, Pierre-Guillaume de Roux estime que ses porte-parole sont encore trop souvent ostracisés. Il en veut pour preuve d'être l'un des rares éditeurs à continuer de soutenir la plume d'Alain de Benoist, chef de file de la Nouvelle Droite, ce courant de pensée national-européen né en 1969 dans la lignée du Groupement de recherche et d'études pour la civilisation européenne (GRECE). Directeur de la revue *Krisis* et éditorialiste du magazine *Éléments*, « Robert de Herte » – c'est l'un de ses hétéronymes – organise parfois des rencontres qui peuvent paraître étonnantes sur le papier, mais qui, en réalité, en disent long sur les affinités intellectuelles qu'il compte encore dans l'édition. Ainsi a-t-il réuni, en juillet 2015, l'écrivain Jean Raspail et Érik L'Homme, auteur à succès chez Gallimard Jeunesse. Connu des ados pour ses romans d'*heroic fantasy*, l'auteur de la trilogie best-seller *Le Livre des étoiles* est lui aussi un farouche défenseur de Richard Millet, « *l'un des derniers albatros de la littérature*, comme il l'écrit sur sa page Facebook, *arraché à l'azur par des matelots sans grandeur, harcelé sur le pont par la vaste meute des chiens de garde* ».

Fin avril, Alain de Benoist était encore l'invité de Sciences-Po Paris, où il a discouru, deux heures durant, sur « Modernité, libéralisme et pensée unique », trois de ses « fléaux » préférés. Malgré cela, son éditeur le jure, la parole de l'intellectuel d'extrême droite reste muselée. « *C'est un homme qui, dans les années 1980, était publié chez Albin Michel et Robert Laffont*, rappelle De Roux. *Il s'exprimait tous les jours. Désormais, on ne l'entend plus en France. Pourquoi ? Parce que nous sommes dans un système complètement verrouillé par une pensée de gauche qui, malgré le fait que l'opinion soit en train de se renverser, a toujours beaucoup de mal à ouvrir le débat. C'est encore plus net depuis l'élection de François Hollande.* » Dans un pays où les crispations identitaires monopolisent l'espace politico-méditatique et où le Front national enregistre de meilleurs scores à chaque nouvelle élection, le ressort de la victimisation, si cher au parti de Marine Le Pen, peine à convaincre.

« *La seule censure qui vise des auteurs comme Alain de Benoist ou Renaud Camus est une censure commerciale*, estime Jean-Yves Mollier. *S'ils ne sont plus publiés par les maisons classiques, c'est tout simplement parce qu'ils ne vendent plus.* » D'autres, plus lucratifs, les ont en effet remplacés et véhiculent exactement les mêmes idées que leurs aînés. Journalistes ou écrivains, écrivains ou journalistes, ils trustent les plateaux de télévision en qualité de chroniqueurs ou de simples invités, jouant tantôt le rôle du « bon client », tantôt celui du « sniper ». Ils s'appellent Éric Zemmour, Natacha Polony, Ivan Rioufol ou encore Élisabeth Lévy. Leurs sujets de préoccupation sont toujours les mêmes. Ils stigmatisent les banlieues, moquent l'antiracisme, alertent sur

ILS SE SENTENT INVESTIS D'UNE MISSION : LUTTER CONTRE L'AVEUGLEMENT DES « *BIEN-PENSANTS* ».

les dangers du multiculturalisme, de l'islam, de la « *soumission* », du « *Grand Remplacement* », de la « *défrancisation de l'Hexagone* »... Ils livrent une vision catastrophiste de l'immigration, laquelle vient s'inscrire presque naturellement dans les débats sur l'identité et l'insécurité. Ils se sentent investis d'une mission : lutter contre l'aveuglement des « *bien-pensants* ». Et en sont convaincus : « *Le déni de l'immigration de masse, de ses liens avec l'insécurité, de l'échec du multiculturalisme, du fiasco de l'intégration, fait partie de ces escroqueries que cautionne l'intelligentsia* », comme l'écrit l'éditorialiste du *Figaro* Ivan Rioufol dans son dernier essai *La Guerre civile qui vient* (toujours chez Pierre-Guillaume de Roux).

Les mutations capitalistiques de l'édition au secours de la pensée d'extrême droite

« *Le mode sous lequel ces sujets se trouvent montés en épingle – véhémence, indignation, protestation, catastrophisme, provocation, etc. –, répond en règle assez générale aux effets de grossissement spectaculaire appelés par la dynamique de "fausse alerte permanente", qu'un Nietzsche voyait déjà à l'œuvre dans la grande presse de son temps* », affirment les chercheurs Pascal Durand et Sarah Sindaco, spécialistes de l'édition et de l'étude des discours[8]. À l'heure où le *clash* et le *buzz* se substituent au débat d'idées, ces néoréactionnaires cathodiques se muent en leaders d'opinion.

Leur succès dans les médias se décline également en librairie. Un chiffre suffit pour s'en convaincre : 294 088. C'est le nombre d'exemplaires [9] qu'Éric Zemmour a vendus de son *Suicide français* depuis sa parution en 2014 aux éditions Albin Michel. « *Ces succès de librairie sont aussi des succès de télégénie*, souligne Pascal Durand. *Les auteurs de ce type d'ouvrages convertissent leur ambition intellectuelle en visibilité médiatique.* » Ce mouvement prend racine dans la seconde moitié du xxe siècle, lorsque les maisons d'édition, jusqu'alors entreprises familiales, sont devenues l'objet de l'investissement de grands groupes aux activités diverses et variées.

294 088. C'EST LE NOMBRE D'EXEMPLAIRES QU'ÉRIC ZEMMOUR A VENDUS DE SON *SUICIDE FRANÇAIS* DEPUIS SA PARUTION EN 2014 AUX ÉDITIONS ALBIN MICHEL.

Le mouvement de concentration s'est accéléré au cours des années 1990, aboutissant à ce que Jean-Yves Mollier qualifie de « *structure d'oligopole à frange* », où quelques grands groupes captent l'essentiel des revenus, tandis qu'une multitude d'éditeurs de taille réduite se partagent le reste, souvent sur des registres très segmentés. C'est ainsi qu'Hachette-Lagardère et Editis (Grupo Planeta) [*Ndlr* : à qui La Découverte appartient] contrôlent, avec leurs filiales de distribution, la moitié du marché du livre en France, alors même que le pays compte quelque 10 000 structures d'édition [10]. « *Depuis que l'édition est passée au stade industriel, les journalistes emboîtant le pas des idées reçues se sont multipliés*, poursuit Pascal Durand. *Les grandes maisons d'édition ont évolué de façon à ne pas laisser de place à la recherche de pointe. Désormais, les enjeux sont strictement commerciaux. Les sciences humaines sont ghettoïsées. En disparaissant, les Bourdieu, Derrida et Deleuze ont laissé le terrain aux seuls intellectuels médiatiques. En un sens, ces derniers sont l'expression du déclin qu'ils dénoncent.* »

« *EN DISPARAISSANT, LES BOURDIEU, DERRIDA ET DELEUZE ONT LAISSÉ LE TERRAIN AUX SEULS INTELLECTUELS MÉDIATIQUES. EN UN SENS, CES DERNIERS SONT L'EXPRESSION DU DÉCLIN QU'ILS DÉNONCENT.* »

Pour vernir leurs écrits d'à-propos, ces intellectuels médiatiques ont trouvé en Alain Finkielkraut leur statue du commandeur. Depuis dix ans, l'ancien militant maoïste devenu essayiste décliniste est sur tous les fronts. Intervenant régulièrement dans les médias, collaborant de temps à autre au magazine *Causeur*, animant lui-même une émission hebdomadaire sur France Culture, il est aussi l'auteur d'une quarantaine d'ouvrages, parmi lesquels *L'Identité malheureuse* (Stock), vendu à plus de 91 000 exemplaires depuis sa sortie en 2013. Il y prend le contre-pied de ce qu'il écrivait en 1980 dans *Le Juif imaginaire*, ouvrage dans lequel il exprimait notamment son refus d'être otage de la politique du gouvernement israélien – « *Ce soutien absolu à toutes les politiques israéliennes est le symptôme d'un malaise. La Diaspora, en proie à une culpabilité dif-*

fuse, se rattrape par la véhémence de sa fidélité » – et invitait à ne pas se draper dans le seul héritage victimaire de l'histoire juive – « *J'ai divorcé d'avec mon double, non pas pour cesser d'être juif, mais pour que cette identité ne fasse plus de moi le rentier de la souffrance, ou le dépositaire attitré de la justice absolue* ». Emporté, comme une partie du monde de l'édition et de l'échiquier politique, dans une lecture identitaire, racialisante et néoconservatrice de la société, il livre, à travers ses nombreux ouvrages et prises de parole, la vision catastrophiste qu'il se fait de tout sujet, de l'école aux banlieues, en passant par la laïcité ou l'équipe française de football.

DEPUIS DIX ANS, L'ANCIEN MILITANT MAOÏSTE DEVENU ESSAYISTE DÉCLINISTE ALAIN FINKIELKRAUT EST SUR TOUS LES FRONTS.

Farouche défenseur des « *Français de souche* » privés, selon lui, de leur pays par l'islam et l'immigration, Finkielkraut pourfend plus souvent qu'à son tour ce « *politiquement correct dont Mediapart, mais aussi* Le Monde *ou* Libé *sont les responsables* ». « *Est-ce que nous pouvons exactement voir ce que nous voyons ? Jusqu'à quel point a-t-on le droit de traiter des problèmes de l'immigration, de la violence dans les cités et tout ça ?* interrogeait-il en 2012[11]. *L'antiracisme est extrêmement vigilant, l'accusation de racisme est utilisée à tort et à travers, comme l'avait déjà dit Lévi-Strauss. Ça n'incite pas à l'expression publique, ça donne plutôt envie de se cacher.* » En répétant partout, tout le temps, qu'il ne peut s'exprimer librement, l'Académicien crée *de facto* l'envie. En ce sens, la victimisation est devenue l'un des meilleurs moyens de communication. Les éditeurs l'ont aussi bien compris que les politiques. Ce qui est prétendument interdit, ce qui sent le soufre, est davantage plébiscité que le reste. Et se vend mieux.

Un marché qui profite aussi aux « petits » éditeurs

Le parfum de scandale est attractif. Pierre-Guillaume de Roux en convient d'ailleurs aisément. Quoiqu'il refuse d'être estampillé « réac » – et se vante, pour en convaincre, d'avoir traduit *Pèlerin parmi les ombres*, le chef-d'œuvre de l'écrivain de langue slovène Boris Pahor –, l'éditeur reconnaît que ses auteurs « *sulfureux* » sont ceux qui rapportent le plus. 8 000 exemplaires de *Langue fantôme* suivi *d'Éloge littéraire d'Anders Breivik* ont ainsi été écoulés au moment de l'affaire Millet, et ce, alors même que l'auteur avait été « *ostracisé par les libraires* », précise De Roux. *Idem* pour *Un samouraï d'Occident. Le bréviaire des insoumis*, le « livre-testament » de l'essayiste et historien d'extrême droite Dominique Venner, ancien membre de l'OAS (Organisation armée secrète), paru un mois après son suicide, en mai 2013, dans la cathédrale de Notre-Dame de Paris. « *J'en vends encore 800 exemplaires par an* », se réjouit l'éditeur.

Le succès des auteurs néoréactionnaires et d'extrême droite a engendré une nébuleuse de structures légères, à faibles capitaux, qui exploitent au maximum le filon du « *politiquement incorrect* ». On y trouve les éditions Mordicus, créées en 2008 par Emmanuelle Duverge,

LE SUCCÈS DES AUTEURS NÉORÉACTIONNAIRES ET D'EXTRÊME DROITE A ENGENDRÉ UNE NÉBULEUSE DE STRUCTURES D'ÉDITION LÉGÈRES, À FAIBLES CAPITAUX.

l'épouse du maire Rassemblement Bleu Marine (RBM) de Béziers Robert Ménard; les éditions JC de Godefroy, qui publient des essais aux titres évocateurs (*Éloge de la pensée de droite* de Marc Crapez, *Oui, c'était mieux avant* d'Alain Paucard…); ou encore Via Romana, qui édite notamment Jean-Yves Le Gallou, ancien élu frontiste, théoricien de la «*préférence nationale*». L'une des plus florissantes est Le Retour aux sources, qui a notamment publié un ouvrage collectif intitulé *Le 11 Septembre n'a pas eu lieu*, avec une préface d'Alain Soral, et un livre qui s'est écoulé, hors des circuits habituels, dans les «*librairies partenaires*» ou par Internet, à plus de 30 000 exemplaires: *Survivre à l'effondrement économique*. À l'instar de ce «*guide*» mêlant conseils pratiques et fiction, écrit par le Suisse Piero San Giorgio, qui multiplie les conférences sur le sujet notamment auprès d'Égalité et Réconciliation ou du Centre royaliste d'Action française, le filon «survivaliste» est en effet largement occupé par la littérature d'extrême droite.

Liées de façon plus ou moins assumée à l'ultradroite, ces maisons sont autant de caisses de résonance de cette nouvelle pensée unique qui infuse à travers toutes les strates de la société. Si certaines d'entre elles refusent, pour reprendre les mots du directeur de Via Romana, Benoît Marcheron, les «*débats susceptibles de manipulations*», d'autres n'ont aucun problème à assumer leur ligne éditoriale. «*Je revendique d'être un éditeur de droite!* s'amuse Jean-Cyrille Godefroy. *Cela me permet d'être plus visible. Les gens qui ont une réflexion de droite achètent volontiers des livres. Plus vous tapez fort, plus le public concerné sait où aller.*»

Il en va de même pour les grandes maisons d'édition, quoique «*la vie soit plus facile pour elles*, ajoute Godefroy. *Comme elles publient beaucoup, un livre marqué à droite se noiera davantage dans le reste du catalogue*». Mais aura cent fois plus de retentissement médiatique et, *a fortiori*, de succès en librairie. C'est ainsi qu'avec des auteurs comme Éric Zemmour ou, dans un autre registre, Philippe de Villiers – qui a vendu plus de 200 000 exemplaires de son livre *Le Moment est venu de dire ce que j'ai vu* –, Albin Michel – dont on ne sait plus, à force, si elle agit par pur opportunisme ou selon une ligne idéologique franche – se classe régulièrement dans les meilleures ventes de documents. Côté fiction, c'est une autre maison qui a remporté la mise. En rééditant en 2011 *Le Camp des Saints* de Jean Raspail, paru en 1973, les éditions Robert Laffont ont tapé pile dans l'air du temps.

Un fort penchant pour la provocation bon marché

«*Le sujet du* Camp des Saints *est grave*, résumait la quatrième de couverture de la première édition. *Il s'agit de rien de moins que la fin du monde blanc, sous l'invasion des millions et des millions d'hommes affamés, "sous-développés", qui constituent les trois quarts de l'humanité.*»

EN RÉÉDITANT *LE CAMP DES SAINTS* DE JEAN RASPAIL, PARU EN 1973, LES ÉDITIONS ROBERT LAFFONT ONT TAPÉ PILE DANS L'AIR DU TEMPS.

Très vite, les élites «*blanches*» capitulent, effrayées par cette «*masse puante*» d'immigrés qui envahissent leurs maisons et violent leurs femmes. Régulièrement réimprimé depuis quarante ans, ce roman n'a jamais connu autant de succès qu'au cours des cinq dernières années. Sur les 110 000 exemplaires vendus depuis 1973, près de 40 000 l'ont été sur la seule période 2011-2016. «*En 2015, nous en avons vendu entre 100 à 500 exemplaires par mois*, indique Arié Sberro, directeur commercial des éditions Robert Laffont. *Cela dépend de plein de choses, si des politiques en parlent par exemple…* »

Des politiques en ont effectivement parlé. Et pas n'importe lesquels, puisque c'est Marine Le Pen qui s'est récemment transformée en libraire de circonstance, profitant de la crise des réfugiés pour présenter *Le Camp des Saints* comme un roman d'anticipation. De l'aveu même de son auteur [12], le texte «*pourrait être poursuivi pour quatre-vingt-sept motifs relevant des lois Gayssot, Lellouche et Perben*». Se retrouver sur le banc des accusés ? Raspail trouve l'idée «*tentante*» : «*Comme pour une opération de salubrité publique*», affirmait-il au *Figaro* en 2011, avant de s'en prendre à la «*meute médiatique, showbiztique, droit-de-l'hommiste, enseignante, mutualiste, publicitaire, judiciaire, gaucho-chrétienne, pastorale, psy*», cette «*hydre des bons sentiments et des manipulations, la bouillie humanitaire, se nourrissant de toutes les misères humaines*» qui réduisent les «*Français de souche*» au silence. Mêmes mots, mêmes attaques, mêmes arguments que Millet, Rioufol et consorts. Et toujours la liberté d'expression brandie comme rempart absolu aux menaces judiciaires des associations antiracistes.

Pour le président de la Ligue internationale contre le racisme et l'antisémitisme (la Licra), Alain Jakubowicz, ce type de déclarations est malheureusement monnaie courante. «*Nous poursuivons les personnes qui sont le plus exposées*, expliquait-il déjà en 2011. *Dans la masse des propos qui sont tenus et édités, beaucoup passent car ils sont moins médiatisés. Et la question est d'autant plus complexe quand il s'agit d'un roman.*» En novembre 2013, la Licra a tout de même obtenu du juge des référés de Bobigny l'interdiction, pour antisémitisme, de l'ouvrage *Anthologie des propos contre les juifs, le judaïsme et le sionisme*, de Paul-Éric Blanrue, publié par les éditions Kontre Kulture d'Alain Soral. Cette maison, fondée par le polémiste en 2011, lui permet d'entretenir son image d'«*intellectuel dissident*» en récupérant des auteurs qui s'inscrivent dans son courant de pensée et en rééditant des textes tombés dans le domaine public. Une grande partie du catalogue de Kontre Kulture est consacrée à son obsession principale (les Juifs), mais le confusionnisme entretenu par Soral lui fait éditer des auteurs phares de la pensée marxiste ou libertaire, comme David Thoreau ou Mikhaïl Bakounine.

Placés dans quelques librairies d'extrême droite, les livres siglés KK sont surtout commercialisés en ligne, *via* un site dédié. Soral, pour sa part, a préféré rester chez Blanche afin de profiter de son réseau de diffusion. C'est donc avec cette dernière structure qu'il a été condamné, début 2016, pour le livre *Dialogues désaccordés*, cosigné avec l'animateur de télévision Éric Naulleau, dans lequel il associait le nom de l'homme d'affaires Pierre Bergé à l'homosexualité et la pédophilie. Aussi rares soient-elles, ces décisions de justice offrent aux auteurs et éditeurs de véritables coups de com'. «*En ostracisant Soral, vous en faites un martyr*», estime son éditeur historique, Franck Spengler.

UNE GRANDE PARTIE DU CATALOGUE DE KONTRE KULTURE EST CONSACRÉE À L'OBSESSION PRINCIPALE DE SORAL: LES JUIFS.

S'il cache bien souvent leur pauvreté intellectuelle et scientifique, le caractère provocateur de certains ouvrages leur permet d'être repérés dans la masse de livres publiés chaque mois. L'artifice profite aux maisons classiques, mais pas seulement. Il fait également le bonheur d'une petite structure lancée en 2012 par David Serra (anciennement baptisé David Kersan), qui se fit d'abord connaître en tant qu'agent littéraire de Maurice Dantec – les deux hommes sont aujourd'hui fâchés. Le nom de cette maison résonne comme un coup de poing: Ring. En l'espace de quatre ans, elle s'est imposée dans le paysage médiatique en publiant des fictions et des documents volontairement provocateurs, mis en scène dans des bandes-annonces anxiogènes et promotionnés *via* un usage pour le moins agressif des réseaux sociaux. Son dernier coup s'appelle *La France djihadiste*, sobrement sous-titré: «*En ce moment à quinze minutes de chez vous*». Ce document est signé par le journaliste Alexandre Mendel, qui s'était déjà illustré en expliquant dans *Valeurs actuelles* comment sa ville natale, Lunel (Héraut), 25 000 habitants, était «*tombée aux mains de l'État islamique*» depuis que les «*barbus*» y font régner la terreur. Cette fois, toutes les villes françaises qui ont connu des départs pour le djihad sont passées au peigne des fantasmes de Mendel: Nice, Montpellier, Toulouse, mais aussi Roubaix où, si l'on en croit l'auteur, «*c'est déjà un peu Gaza*».

Le livre, qualifié d'«*enquête fouillée*» par *Le Point*[13], est écrit dans un style outrancier, que l'hebdomadaire préfère qualifier de «*décomplexé*». Il utilise les mêmes recettes que celles qu'employa Laurent Obertone, un autre auteur de la maison, dans *La France Orange mécanique*, paru début 2013 et vendu à plus de 120 000 exemplaires selon l'éditeur. Cet ouvrage prétendument scientifique avait pour ambition de dénoncer l'«*ensauvagement d'une nation*» à l'aide des «*vrais chiffres*» de la délinquance. Des chiffres souvent non sourcés, erronés et interprétés au forceps pour coller à la thèse d'Obertone, mais qu'importe. Ils ont permis à Marine Le Pen de tenir entre les mains de quoi étayer son propre discours. Les éditions Ring se sont créées, disent-elles, pour «*poser une bombe dans la sale ambiance humaniste*». Elles comptent dans leur catalogue plusieurs signatures adeptes de la «provocation», tel l'ancien Monsieur Météo de France 2, Laurent Verdier, licencié par la chaîne après la publication en 2015 de *Climat Investigation*, ouvrage destiné, lui aussi, à «*rompre le silence*» en défendant les «*très nombreuses conséquences heureuses et positives du réchauffement*» climatique. On y trouve également Geoffroy Lejeune et son *Élection ordinaire*, dans laquelle le rédacteur en chef de *Valeurs actuelles* fantasme l'accession d'Éric Zemmour à l'Élysée.

Depuis, Lejeune a rejoint l'équipe éditoriale de Ring, où gravitent aussi bien le spécialiste des tueurs en série Stéphane Bourgoin que le journaliste de BFM-TV Thomas Misrachi, le criminologue Xavier Raufer, ancien militant du mouvement d'extrême droite Occident, ou encore Raphaël Sorin, éditeur historique de Houellebecq et Bukowski, ancien de l'édition d'ultra-gauche au Sagittaire ou à Champ Libre. Pour autant, le patron des éditions, David Serra, l'assure : il se «*fiche de politique*». «*Ce n'est pas parce que j'ai publié deux auteurs de droite que je le suis moi-même!* confiait-il aux *Inrocks*[14] en décembre 2015. *Pourquoi ne faites-vous pas une enquête sur Albin Michel, qui publie Éric Zemmour?*» Ce qui lui importe, comme à tous les autres éditeurs du même acabit, c'est encore et toujours la liberté d'expression. Et c'est à ce titre qu'il a publié, au printemps 2016, *13*, une série de témoignages sur les attentats de Paris recueillis par la journaliste de *Charlie-Hebdo* Zineb El Rhazoui. Invitée un peu partout pour promouvoir son livre, la «*femme la plus menacée de France*» a développé sur les plateaux de télévision un réquisitoire virulent contre l'islam et la bien-pensance qui prône le «*pas d'amalgame*», pour le plus grand plaisir de la fachosphère qui, de Riposte Laïque à Boulevard Voltaire, en passant par Fdesouche et Résistance Républicaine, a relayé son propos un peu partout sur Internet.

Du «ni droite ni gauche» aux discours du déclin

Persuadés que les clivages gauche-droite ont depuis longtemps été dépassés, les ultra-républicains et les néoréactionnaires se sont retrouvés à un moment donné autour d'une obsession : l'islam. L'une des figures les plus représentatives de ce mouvement est sans conteste le philosophe Michel Onfray, auteur prolifique qui avait promis d'observer une disette médiatique, mais a préféré revenir sur ses engagements au printemps 2016, après la parution de son ouvrage *Penser l'islam* (Grasset), vendu à 15 157 exemplaires un mois seulement après sa sortie. Dans ce livre, Onfray fait d'ailleurs référence à Alain Finkielkraut, Renaud Camus, Éric Zemmour et Michel Houellebecq, dont il estime, «*sans juger de la pertinence de leur propos*», qu'ils «*se sont contentés d'annoncer le réel*». Attaqué par ce qu'il qualifie de «*mafia qui se réclame de la gauche*», le philosophe ne veut plus se «*faire avoir par les étiquettes*». «*Il n'y a pas la gauche et la droite, mais des gens de gauche et des gens de droite*», expliquait-il en février 2015 au *Point*[15], avant d'enchaîner sur ses accointances intellectuelles : «*Je ne me sens pas proche de BHL ou d'Alain Minc, ni de Jacques Attali qui, me dit-on, sont de gauche. Faudrait-il que je me sente proche pour cela d'intellectuels de droite ? Qui sont-ils d'ailleurs ? Concluez si vous voulez que je préfère une analyse juste d'Alain de Benoist à une analyse injuste de Minc, Attali ou BHL et que je préférerais une analyse qui me paraisse juste de BHL à une analyse que je trouverais injuste d'Alain de Benoist…*» Une sortie critiquée par Manuel Valls qui, sans peur du ridicule au regard de la politique menée par son gouvernement, a expliqué que c'est «*à cause de philosophes comme Michel Onfray, qui vient de la gauche radicale, [que l']on perd les repères*».

LES ULTRA-RÉPUBLICAINS ET LES NÉORÉACTIONNAIRES SE SONT RETROUVÉS À UN MOMENT DONNÉ AUTOUR D'UNE OBSESSION : L'ISLAM.

Rétorquant que le Premier ministre n'était ni plus ni moins qu'un «*crétin*», le philosophe a enfoncé le clou quelque temps plus tard en déclarant: «*Je préfère une analyse juste d'Alain de Benoist à une analyse fausse de Bernard-Henri Lévy. Qui peut être contre ça? Je mets ici une parenthèse pour dire qu'Alain de Benoist est classé d'extrême droite. Classé? Aux gens qui parlent d'Alain de Benoist, je leur demande quel livre ils ont lu d'Alain de Benoist? Il n'a jamais été d'extrême droite. Classé, oui, mais c'est un penseur de droite*[16] *!*» Le marché du livre a accompagné le brouillage politique que traverse le milieu intellectuel français. Il a mis en avant des auteurs prétendument apolitiques, lesquels se sont employés, sur tous les plateaux de télévision, à donner une caution aux discours classiques de la droite et de l'extrême droite. Sur les étals de librairie, il n'est plus question que de «*suicide*», de «*fin*», de «*malheur*», de «*défaite*», de «*crépuscule*» et de «*mélancolie*». L'idée du déclin a ainsi lentement pénétré les esprits pour finir par s'imposer comme vérité politique et sociale. Passées aux mains des grands groupes, soumises au *buzz* médiatique, les maisons d'édition ont renoncé à penser et à donner à penser. Elles se fondent dans l'air du temps et sombrent dans la provocation de bas étage pour mieux écouler leurs stocks. Au risque de ne mettre en avant que des ouvrages vite écrits, vite imprimés, discrètement racistes ou franchement xénophobes. Et de concourir, à leur façon, à l'affaissement généralisé du débat public.

1. «Richard Millet: «Le Système a donné l'ordre qu'on ne parle plus de mes livres»», *Le Point*, 2 mars 2016.
2. «Le pamphlet fasciste de Richard Millet déshonore la littérature», *Le Monde*, 10 septembre 2012.
3. http://richardmillet.wix.com/siteofficiel.
4. *Le Monde*, 19 avril 2012.
5. *De l'antiracisme comme terreur littéraire*, Pierre-Guillaume de Roux, Paris, 2012.
6. «Jean-Marie Gustave Le Clézio et Annie Ernaux se déshonorent», *Le Monde*, 21 septembre 2012.
7. «Sortie de *Mein Kampf* en France: l'éditeur ne fera "pas de buzz"», *Journal du dimanche*, 2 janvier 2016.
8. «Postures et figures "néo-réactionnaires"», *Contexte*, 2015. Ils ont également dirigé le livre *Le Discours «néoréactionnaire»*, CNRS éditions, Paris, 2015.
9. Chiffres Edistat, établis à partir des sorties de caisses d'un panel de librairies et grandes surfaces.
10. Chiffre du Syndicat national de l'édition (SNE), septembre 2014.
11. «Mais où sont donc passés les intellectuels de droite?», *Mediapart*, 10 mars 2012.
12. Entretien de Jean Raspail, *Le Figaro*, février 2011.
13. «La France djihadiste, l'enquête trash», *Le Point*, 15 avril 2016.
14. «Ring, l'éditeur trash qui défie les poids lourds du marché», *Inrocks*, 12 décembre 2015.
15. «Michel Onfray: "Cette mafia qui se réclame de la gauche…"», *Le Point*, 25 février 2015.
16. LCI, entretien avec Audrey Crespo-Mara , mars 2015.

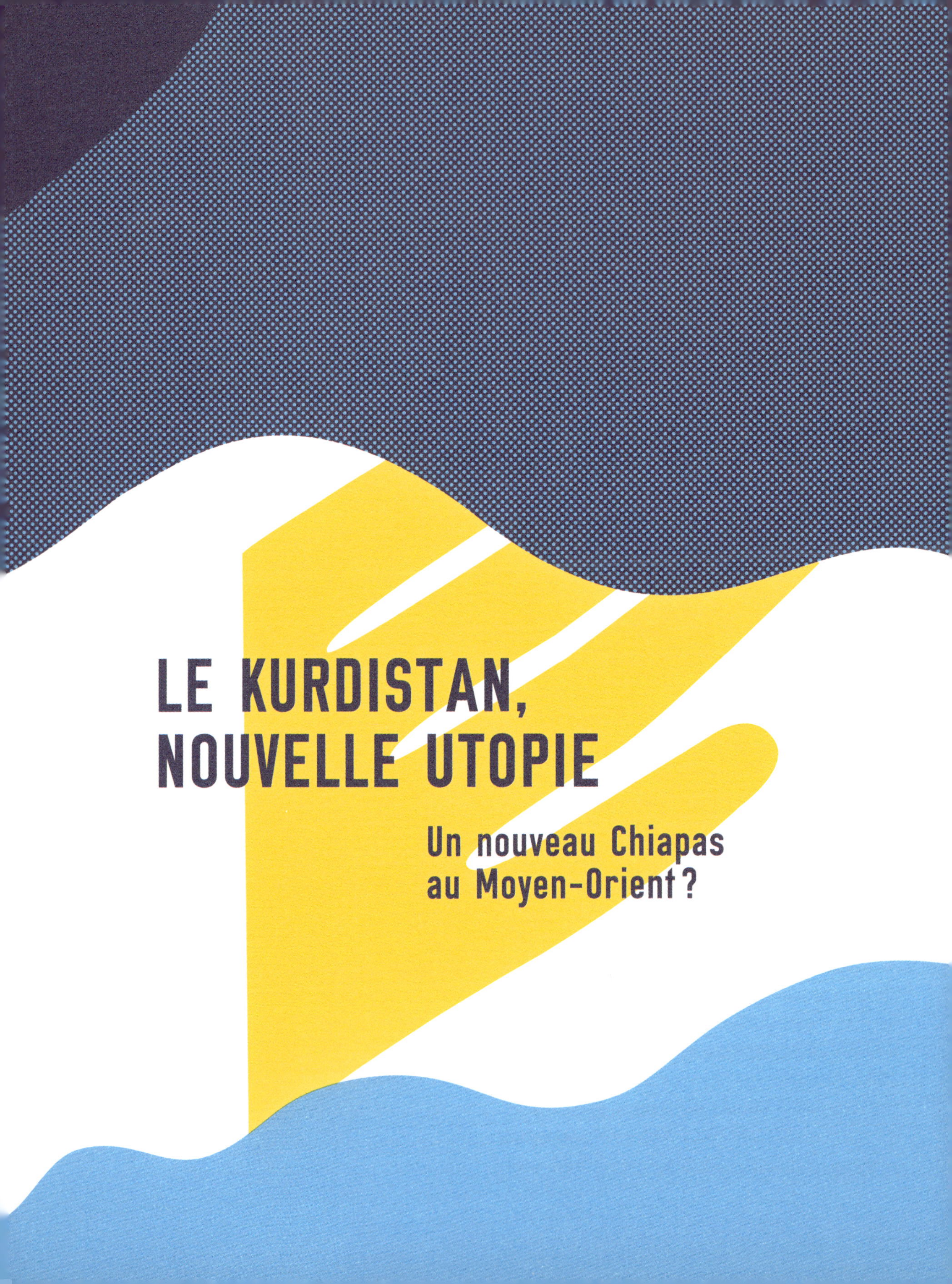
LE KURDISTAN,
NOUVELLE UTOPIE
Un nouveau Chiapas
au Moyen-Orient ?

PAR **MATHIEU LÉONARD**

Dans le chaos moyen-oriental, une lueur d'espoir aux accents libertaires attire les regards de nombreux activistes et intellectuels de la gauche radicale internationale. Les Kurdes du nord-ouest de la Syrie, sous l'égide du PKK et de son parti frère syrien, le PYD, s'auto-organisent politiquement selon des préceptes démocratiques empruntés aux théories anarchistes, écologistes et municipalistes. Cette dynamique, impulsée par la conversion idéologique, depuis sa prison turque, du leader kurde Abdullah Öcalan, touche également de nombreuses communes du Kurdistan turc. Loin du bréviaire marxiste-léniniste et nationaliste qui avait jusque-là prévalu au sein du mouvement kurde, il s'agit aujourd'hui de mettre en pratique une organisation sociale horizontale qui rappelle, par bien des aspects, l'insurrection zapatiste débutée en 1994 dans les montagnes mexicaines du Chiapas. Depuis la France, pourtant, les soutiens des Kurdes ne sont pas toujours ceux que l'on aurait pu croire…

« *Pourquoi le monde ignore-t-il la révolution kurde en Syrie ?* » s'interroge David Graeber dans un article du *Guardian* daté du 8 octobre 2014. L'anthropologue américain, auteur du best-seller mondial *Dette, 5 000 ans d'histoire*, engagé dans le mouvement Occupy Wall Street, y établit un parallèle entre la situation de cette zone majoritairement kurde au nord de la Syrie, appelée Rojava, et la guerre d'Espagne de 1936, dans laquelle son père s'était engagé auprès des Brigades internationales. Il y dresse le panégyrique de l'expérience d'autonomie menée par le PYD (Parti de l'Union démocratique), issu du Parti des travailleurs du Kurdistan (PKK) de Turquie : « *La région autonome du Rojava, telle qu'elle existe aujourd'hui, est l'un des rares points lumineux – et même très lumineux – qui émerge de la tragédie de la révolution syrienne.* […] *Des assemblées populaires ont été créées comme organes de décision ultime, des conseils sont sélectionnés avec un équilibre ethnique réfléchi (par exemple, dans chaque commune, les trois élus principaux doivent inclure un Kurde, un Arabe et un Assyrien ou un Arménien chrétien et au moins l'un des trois doit être une femme).* »

Ce qui intéresse Graeber, c'est l'ouverture d'espaces démocratiques inédits, à travers tout un système d'assemblées communales décisionnelles, qui reposent sur un « contrat social » assurant l'inviolabilité des droits humains, le contrôle des mandats, la liberté d'association, l'égalité entre femmes et hommes dans tous les domaines de la vie, la séparation de la religion des affaires publiques et la pluriculturalité. Pour autant, cette « révolution au Rojava » n'est pas le fruit d'un élan populaire spontané, mais celui d'une carte jouée par le PYD, profitant de l'affaiblissement de l'État syrien pour appliquer un programme en gestation depuis les années 2000 au sein du mouvement kurde.

De l'indépendance à l'autonomie démocratique

À l'heure des révolutions arabes et de la menace djihadiste, le mouvement kurde pourrait faire figure d'antiquité. À lire la plupart des journaux français, le PKK comme le PYD continueraient de camper inébranlablement sur des principes nationalistes et marxistes-léninistes. Et le PKK reste inscrit sur la liste des organisations terroristes par l'Union européenne et les États-Unis. Pourtant, peu d'observateurs se donnent la peine de prendre en compte les profondes mutations subies par le parti depuis sa création.

Le premier programme du PKK (*Manifesto*, 1978) affirme la volonté de créer un État kurde, uni et indépendant, guidé par le « *socialisme scientifique* ». Le lexique du marxisme-léninisme est alors encore largement partagé par les nouvelles classes dirigeantes des pays décolonisés ou des élites en devenir des peuples colonisés. La pratique radicale de la « *violence révolutionnaire organisée* » par le PKK, contre les féodaux kurdes et ses groupes rivaux, ainsi que contre l'État turc, s'inscrit dans la perspective de la violence du colonisé et de son rôle unificateur dans l'accouchement d'une nation, théorisé par Frantz Fanon dans *Les Damnés de la terre*. Le PKK mobilise par ailleurs les mythes fondateurs de la nation kurde, à travers la référence à la révolte des Mèdes contre l'Empire assyrien au VIIe siècle av. J.-C., s'inscrivant dans « *un nouveau mouvement mède contre la décadence millénaire et la dépersonnalisation des Kurdes* ». La fabrication d'une « kurdicité » passe par la création d'un « *homme nouveau* [1] », purgé des vices capitalistes et débarrassé de la mentalité du colonisateur turc. Le « *vrai Kurde* », ainsi réinventé, doit s'inspirer de la pureté d'une paysannerie mythifiée.

LA PRATIQUE RADICALE DE LA « *VIOLENCE RÉVOLUTIONNAIRE ORGANISÉE* » PAR LE PKK S'INSCRIT DANS LA PERSPECTIVE DE LA VIOLENCE DU COLONISÉ THÉORISÉE PAR FRANTZ FANON.

Aujourd'hui, après quarante années de guerre et de répression dans le Sud-Est anatolien, le bilan est terrible : 30 000 combattants du PKK et plusieurs milliers de civils ont été tués, des dizaines de milliers de personnes ont été emprisonnées et 17 000 intellectuels, ouvriers et paysans ont purement et simplement « disparu » – tout cela sous l'égide des forces spéciales turques. Au milieu des années 1990, la destruction de 4 000 hameaux et villages a provoqué un bouleversement démographique sans précédent avec le déplacement de près de 3 millions de personnes vers les principales villes du Kurdistan ou les grandes agglomérations de l'ouest du pays. Pourtant, le PKK a réussi à s'imposer dans le champ politique kurde. Son succès serait « *lié à la capacité* [de ses] *patriotes* [ses militants] *à répondre, à travers leur dévouement, leurs aspirations, leur imagination et leur créativité, aux changements provoqués par le processus de " modernisation " et par la " dissolution de la société traditionnelle " au Kurdistan*[2] ». Au prix d'innombrables sacrifices (prison, exécutions, disparitions, attentats *fedayins*, abnégation militante, purges internes, etc.), le PKK a servi d'ascenseur social et politique à toute une génération de Kurdes dans l'espace géographique le plus pauvre et délaissé de la Turquie.

En 1999, l'arrestation rocambolesque de son leader, Abdullah Öcalan, surnommé Apo (« L'Oncle » en kurmandji), clôt une séquence de répression sanglante et menace un temps de porter un coup fatal à l'organisation. Expulsé de son refuge en Syrie sous la pression de l'État turc, Öcalan est renvoyé, telle une patate chaude, d'aéroports en consulats, cherchant asile en Grèce, en Russie et en Italie. Lâché par tous ses prétendus amis, depuis le nationaliste russe Vladimir Jirinovski jusqu'aux Palestiniens, trahi par le gouvernement social-démocrate de Kostas Simitis, Öcalan est finalement livré aux autorités turques à Nairobi au Kenya

DEPUIS 1999, LE LEADER DU PKK ABDULLAH ÖCALAN EST ENFERMÉ SOUS HAUTE SURVEILLANCE SUR L'ÎLE-PRISON D'IMRALI DANS LA MER DE MARMARA, OÙ IL EST LONGTEMPS RESTÉ LE SEUL PRISONNIER.

le 15 février 1999, avec le soutien logistique des services secrets américains et israéliens. Le Premier ministre turc, Bulent Ecevit, nationaliste de « gauche », voit alors dans sa capture la liquidation de la « *prétendue question kurde créée par des centres étrangers* ». Le leader kurde est depuis enfermé sous haute surveillance sur l'île-prison d'Imrali dans la mer de Marmara (où il est longtemps resté le seul prisonnier), et coûte la modique somme de 60 000 euros par jour à l'État turc. Sa cavale a renforcé un sentiment d'humiliation collective parmi la population kurde et augmenté en conséquence son leadership symbolique. « *S'il n'est plus ce chef de guerre invincible et craint, il demeure pour ses militants et sympathisants un référent sacré, intouchable et écouté*[3]. »

Le PKK entame alors un processus de profonde transformation. Le lexique marxiste-léniniste, qui prévalait dans les luttes de libération nationale, est devenu inaudible avec la fin de la guerre froide et le passage de la Chine populaire à l'économie de marché. D'autre part, comme le note l'historien Eric Hobsbawm dans son ouvrage *Nation et nationalisme* (2001), on assiste à l'épuisement des formes classiques du nationalisme : « *Dans sa forme wilsonienne ou léniniste classique, le mot d'ordre d'autodétermination en tant que programme général ne peut offrir aucune solution pour le XXIe siècle.* »

Les paradigmes neufs du président Apo

L'enfermement d'Abdullah Öcalan, qui a appelé dès le 1er septembre 1999 depuis sa prison à un cessez-le-feu unilatéral, est indéniablement un moment pivot dans l'*aggiornamento* théorique du mouvement. Mais le PKK avait amorcé sa mue dès 1995 : lors de son Ve congrès, il avait abandonné la revendication de l'indépendance du Kurdistan au profit de celle d'une autonomie démocratique dans le respect des frontières de la Turquie. Il avait par ailleurs décidé de renoncer au « socialisme réel » et de respecter les conventions de Genève et le pluralisme, tout en s'ouvrant aux minorités religieuses et en appelant au respect des valeurs de l'islam. En 2000, le PKK annonçait l'abandon de la lutte armée et vouloir œuvrer pour les revendications des Kurdes « *à travers la démocratisation de la Turquie* ». « *Ciblant* [l'État-nation et la modernité capitaliste] *comme les deux démons responsables des maux dont souffr[ai]ent la Turquie et le Moyen-Orient depuis le siècle dernier, le PKK [a proposé] un nouveau programme reposant sur les principes d'une " nation démocratique " et d'une " modernité démocratique ". Alors que l'idée de " nation démocratique " implique une politique orientée par une logique multiculturelle, l'idée de " modernité démocratique ", prise en opposition avec celle de " modernité capitaliste ", se réfère à un dépassement du capitalisme, mais dans une forme différente que la voie tentée par le socialisme réel.*

LE MOUVEMENT KURDE NE COÏNCIDE PLUS AVEC UNE REVENDICATION NATIONALE, DÉSORMAIS CONSIDÉRÉE COMME UNE ENTRAVE À SON ÉMANCIPATION.

Ayant reconsidéré substantiellement ses objectifs, le PKK a changé ses principales tactiques également, renonçant à la lutte armée pour la voie politique[4]. »

Le projet d'autonomie démocratique développé par le mouvement kurde est souvent compris par les observateurs dans le sens d'un séparatisme. Or l'« autonomie » dont il est question doit être prise dans le sens plus profond d'un autogouvernement de la base. C'est sans doute là l'élément de rupture le plus important dans le discours révolutionnaire kurde : le mouvement kurde ne coïncide plus avec une revendication nationale, désormais considérée comme une entrave à son émancipation, il se revendique même comme « *mouvement antinationaliste* ». En 2005, dans son texte consacré au « Confédéralisme démocratique », Öcalan propose « *une voie pour le futur* » et une vision de paix pour l'ensemble du Moyen-Orient à rebours du modèle de l'État-nation façonné par l'Occident et de l'exclusive identitaire[5]. Il prétend aussi dépasser l'antagonisme binaire entre l'Occident et l'Orient, qui nourrit le ressentiment des luttes nationales et politiques dans la région, et met en avant la portée universaliste de sa cause.

Les influences intellectuelles qui ont irrigué les nouveaux paradigmes öcalanistes ont fait l'objet d'un véritable *storytelling*. Au début de son incarcération, Abdullah Öcalan réclame à ses avocats de lui procurer d'abondantes lectures et s'abreuve des travaux d'Immanuel Wallerstein, Fernand Braudel, Noam Chomsky, Michel Foucault, des philosophes de l'École de Francfort ainsi que des théories de Toni Negri et Michael Hardt sur l'Empire et la multitude. Mais c'est l'emprunt revendiqué des analyses de Murray Bookchin qui constitue sans doute un des traits – aux allures de fable – les plus singuliers de la mue idéologique du PKK... Ou comment les théories d'un vieux radical américain se voient consacrées par l'un des plus importants mouvements de masse du Moyen-Orient. Murray Bookchin (1921-2006) est issu d'un milieu de Juifs russes émigrés à New York. Après avoir rompu avec le stalinisme, puis le trotskisme, aux lendemains de la Seconde Guerre mondiale, il se rapproche des courants anarchistes et développe, au début des années 1980, le noyau de sa propre doctrine, le municipalisme libertaire. Celui-ci se veut une synthèse de démocratie directe à l'échelle communale et d'écologie sociale. Bookchin reproche alors à la fois aux courants environnementalistes et aux marxistes de ne pas mesurer la puissance destructrice du capital. Les premiers parce qu'ils se contentent d'un aménagement du capitalisme sans s'attaquer à ses fondements, les seconds parce qu'ils se focalisent sur l'aspect purement économique de l'exploitation. Le projet de Bookchin implique l'expropriation des grands groupes capitalistes et l'autogestion de l'activité économique.

En prison, Öcalan lit les livres de Bookchin, qui viennent d'être traduits en turc, et cherche à engager une correspondance avec lui par l'intermédiaire de ses avocats. Bookchin, diminué par

LE MUNICIPALISME LIBERTAIRE DE MURRAY BOOKCHIN SE VEUT UNE SYNTHÈSE DE DÉMOCRATIE DIRECTE À L'ÉCHELLE COMMUNALE ET D'ÉCOLOGIE SOCIALE.

l'âge et la maladie, ne peut répondre en détail aux sollicitations intellectuelles d'Öcalan [6]. En mai 2004, l'essayiste américain, qui avoue ne pas savoir grand-chose des Kurdes, leur adresse un hommage : « *Mes espoirs se portent sur le fait que les Kurdes puissent être capables un jour de mettre en place une société libre et rationnelle qui permette à leur génie de rayonner. Ils ont la chance d'avoir un leader du talent de M. Öcalan pour les mener.* » La même année, en octobre, Öcalan rédige une note dans ses carnets de prison qui vaudra pour mot d'ordre auprès du parti : « *Concernant les municipalités, je suggère que Bookchin soit lu et que ses idées soient appliquées.* » À la mort de Bookchin, en juillet 2006, le PKK se fend d'un communiqué solennel, saluant « *l'un des plus grands spécialistes des sciences sociales du XX*^e *siècle* » et reprenant le pari de son héritage intellectuel : « *Il nous a introduits à la pensée de l'écologie sociale et a contribué au développement de la théorie socialiste afin d'aller de l'avant sur une base plus solide. Les thèses de Bookchin sur l'État, le pouvoir et la hiérarchie seront mises en œuvre et réalisées dans notre lutte.* [...] *Nous mettrons cette promesse en pratique comme la première société qui établit un Confédéralisme démocratique tangible.* »

Le projet porté par le PKK va aussi se nourrir de multiples influences historiques, de la Commune de Paris aux conseils ouvriers des

LE PROJET PORTÉ PAR LE PKK VA AUSSI SE NOURRIR DE MULTIPLES INFLUENCES HISTORIQUES, DE LA COMMUNE DE PARIS AUX CONSEILS OUVRIERS DES ANNÉES 1920.

années 1920, ainsi que d'exemples d'organisation politique beaucoup moins révolutionnaires, comme celui du confédéralisme des cantons helvétiques. En 2008, dans son texte *Guerre et paix au Kurdistan*, Öcalan synthétise l'articulation d'un tel projet politique : « *Ce projet se construit sur la base de l'autogouvernement des communautés locales et s'organise sous la forme de conseils ouverts, de conseils municipaux, de parlements locaux, et de congrès plus larges. Ce ne sont pas les autorités étatiques mais les citoyens eux-mêmes qui sont les acteurs de ce genre d'autogouvernement.* » Il n'en demeure pas moins un paradoxe : l'injonction par le haut d'appliquer un mode d'organisation horizontal devant se propager par la base par voie d'assemblées populaires, sans renoncer à la verticalité constitutive du mouvement et sa puissance coercitive. Quel crédit apporter au pari du confédéralisme démocratique ? Force est en tout cas de constater que l'on peut voir aujourd'hui à l'œuvre ce Confédéralisme démocratique dans les municipalités du sud-est de la Turquie acquises au HDP (Parti démocratique des peuples), coalition de partis prokurdes et de la gauche non nationaliste turque. Des assemblées de femmes, de travailleurs ou de jeunes ont parfois réussi à se faire une place dans l'espace politique kurde, du moins jusqu'au coup d'arrêt imposé par l'offensive de l'État turc dans la région après les élections de juin 2015. Mais c'est surtout l'exemple de la révolution au Rojava, et en premier lieu la place réelle des femmes dans ce combat, investies d'une mission de « *révolution dans la révolution* », qui en donne peut-être l'illustration la plus concrète.

« *Jin, Jîyan, Azadî* », « La Femme, la Vie, la Liberté »

Une autre nouveauté radicale de la base programmatique du PKK a en effet été de dénoncer l'« *ampleur sans précédent de l'exploitation systématique des femmes* » et de donner la primauté à leur libération. « *Si notre aspiration à la liberté n'a pu être défaite, malgré les attaques des pouvoirs impériaux et des forces réactionnaires locales, une large et inestimable part en est due au Mouvement des femmes libres et à la prise de conscience à laquelle il a conduit. Le Kurdistan libre ne peut exister sans femmes libres* », écrit Öcalan en 2013 dans son texte *Liberating Life : Woman's Revolution*. Pourtant, la tradition de résistance des femmes kurdes existait bien avant son inscription dans le programme du PKK, comme le montre le documentaire de Mylène Sauloy consacré à *La Guerre des filles*. Cette résistance remonte aux révoltes kurdes-alévies du Dersim en 1938 et s'est transmise, de mères en filles, à travers la langue, interdite dans l'espace public, et la religion (alévie), en butte à la domination sunnite du colonisateur turc. La figure de Sakine Cansiz, elle-même originaire du Dersim, a considérablement pesé dans cette orientation « féministe » du parti. Membre fondatrice du PKK et initiatrice du Mouvement des femmes libres, Sakine Cansiz était, avec Fidan Dogan et Leyla Saylemez, l'une des trois militantes kurdes assassinées à Paris en 2013.

Le mouvement kurde a permis une réelle structuration de l'organisation politique des femmes dans les assemblées de quartier, les académies des femmes (des espaces non mixtes de formation, de discussion et d'émancipation) ou dans les municipalités HDP, où elles doivent statutairement composer 40 à 60 % des effectifs et où les mandats doivent impérativement être paritaires. La « comaire » de la ville de Batman en Turquie, Gülistan Akel, rencontrée en avril 2015, nous détaillait certains aspects concrets de la politique pour le droit des femmes : « *Nous avons ouvert un centre d'accueil pour les femmes victimes de violences, un atelier de formation professionnelle, des services de santé spécifiques. Nous souhaitons ouvrir un foyer d'hébergement pour les femmes, mais l'État cherche à nous en empêcher. Nous proposons également des stages de sensibilisation aux droits des femmes dans les quartiers. Batman possède aussi l'unique centre sportif féminin de Turquie ! Nous avons enfin instauré une journée gratuite pour les femmes dans les transports en commun, le mardi, afin de les aider à sortir de leur réclusion*[7]. » Les femmes kurdes se nourrissent de l'expérience féministe occidentale, tout en remettant en cause son cadre capitaliste, mais aussi des socialistes Rosa Luxemburg, Clara Zetkin ou de l'anarchiste Emma Goldman, ou encore d'une mythologie des temps pré-néolithiques en Mésopotamie, où étaient supposées régner l'égalité entre hommes et femmes et l'harmonie avec la nature.

L'organisation des femmes combattantes au sein des YPJ, unités de protection des femmes, constitue un véritable modèle d'autodéfense, à la fois contre la société patriarcale et contre Daech. Néanmoins, cette lutte des femmes se fait au prix de certains renoncements – en tout cas durant le temps de leur engagement dans la guérilla –, comme en témoigne Sad, une combattante du PKK de 26 ans qui a rejoint les YPJ : « *On n'a pas le " droit " de vivre de relations amoureuses. C'est un choix difficile, mais on s'y habitue, puis on sait pourquoi on refuse l'" Amour ". Il faut laisser le temps pour que la conscience de chacun évolue : pour permettre à l'homme de laisser tomber sa mentalité patriarcale, et pour la femme de se libérer de son état d'esclave. Et pour ce changement, il faut qu'on se batte*[8]. »

Kurdistan : un nouveau Chiapas ?

L'expérience alternative du Rojava, comme laboratoire d'une société démocratique, anti-patriarcale et sans État, rencontre la solidarité internationale des groupes d'activistes et de féministes radicaux. C'est aussi au sein de la scène intellectuelle de la gauche critique que les rapports sur le projet kurde circulent principalement. Ainsi à l'université de Hambourg se sont tenus deux colloques, en 2012 et 2015, intitulés « Challenging capitalist modernity. Alternative concepts and the Kurdish question », qui ont réuni à la fois des militants du mouvement kurde, des activistes internationaux (indiens, grecs, sud-africains, iraniens, etc.), des féministes et des intellectuels comme David Harvey, John Holloway, David Graeber ou Janet Biehl. Ce colloque a permis de confronter les similarités entre l'expérience de différents mouvements sociaux, comme les *municipios autonomos* au Chiapas, les conseils communautaires de quartier au Venezuela ou encore le mouvement des sans-terre au Brésil. Au même titre que le soulèvement zapatiste de 1994, au moment des traités de libre-échange entre les États-Unis et le Mexique, a su marquer, au moins symboliquement, la renaissance d'un esprit de résistance à l'ordre capitaliste mondialisé, l'exemple de radicalité démocratique du Rojava répond à un imaginaire transnational de remise en cause des structures politiques traditionnelles. Bien que toute comparaison ait ses limites, on serait tenté d'établir des parallèles entre la lutte zapatiste au Chiapas et le projet du Rojava : abandon de la notion d'avant-garde léniniste, contexte colonial, organisation horizontale à travers les « *caracoles* » pour les premiers et les « cantons » pour les seconds, libération des femmes, création d'une cosmogonie ou d'une mythologie écologistes.

Pourtant, l'engouement d'un David Graeber, par exemple, est loin d'emporter avec lui l'ensemble de la galaxie libertaire. D'aucuns n'y voient qu'une forme de *wishful thinking* révolutionnaire et continuent à interroger les effets de propagande nationaliste, l'ambiguïté des alliances, la verticalité stalinienne du PKK et du PYD, ou encore le culte omniprésent de la personnalité ; ils rappellent également la primauté de l'analyse de classe qui semble faire défaut au nouveau corpus doctrinal prokurde. Ce à quoi s'ajoute une certaine défiance envers une potentielle énième sirène tiers-mondiste. Mais il existe aussi une position de solidarité critique qui prend en compte le fait qu'un mouvement « pur » est une chimère idéologique, et qui souligne que le champ politique kurde est un des rares espaces au Moyen-Orient porteur d'un projet de société socialiste, écologiste, antipatriarcale et sécularisée.

D'AUCUNS N'Y VOIENT QU'UNE FORME DE *WISHFUL THINKING* RÉVOLUTIONNAIRE.

Les aspects théoriques du mouvement kurde échappent encore largement au débat français. « *Il y a une très grande ignorance des lignes de clivage idéologique qui traversent l'espace politique kurde,* commente Hamit Bozarslan, historien, spécialiste de la Turquie à l'EHESS. *L'élite politique en France n'est pas consciente de la recherche d'autres modèles politiques qui puissent exister dans le monde. Alors qu'on sait effectivement qu'une partie de la gauche en Amérique latine essaie d'imaginer d'autres formes politiques, on sait moins que c'est aussi le cas pour le PKK. Je ne pense pas que ces nuances-là soient perçues au-delà d'une toute petite communauté de chercheurs ou d'une petite communauté militante.* » Pourtant, la kurdophilie française est une histoire ancienne, entrecoupée de longues éclipses.

La question kurde dans le miroir français

L'intérêt pour les Kurdes a trait au rôle déterminant de la France dans la reconfiguration de la « question d'Orient » après la Première Guerre mondiale. Les Kurdes ont toujours été pris en étau entre les différentes puissances moyen-orientales – ottomane, perse et arabe – et les intérêts occidentaux. En 1916, les accords secrets Sykes-Picot entre la France et la Grande-Bretagne décident de la recomposition

LES KURDES ONT TOUJOURS ÉTÉ PRIS EN ÉTAU ENTRE LES DIFFÉRENTES PUISSANCES MOYEN-ORIENTALES – OTTOMANE, PERSE ET ARABE – ET LES INTÉRÊTS OCCIDENTAUX.

artificielle des États de la région après l'éclatement de l'Empire ottoman. Lors de la Conférence de paix de Paris en 1919, Clemenceau interroge Robert de Caix, diplomate chargé des questions du Moyen-Orient: «*Nous avons parlé des Kurdes avec les Anglais toute la matinée, dites-moi donc ce que c'est que ces gens-là.*» Après le Traité de Lausanne en 1923, les Kurdes de Turquie doivent abandonner la perspective d'un État indépendant, que leur avaient fait miroiter les puissances occidentales – de même que le Premier ministre turc Mustafa Kemal. Les Kurdes retournent dans le giron d'États – l'Irak, la Turquie, la Syrie et l'Iran – qui n'auront de cesse de les soupçonner de déloyauté en même temps qu'ils leur contesteront toute possibilité de s'administrer eux-mêmes. Hamit Bozarslan rappelle que, dans sa globalité, le conflit kurde est un «*fil rouge de violence qui n'a jamais vraiment cessé depuis les années 1920*» et sans doute le conflit le plus meurtrier du Moyen-Orient, à l'exception des guerres entre États.

Les débuts de la kurdologie française s'opèrent durant le mandat français au Levant et en Syrie dans les années 1930. «*Les chefs du mouvement nationaliste kurde se montrent prêts à collaborer avec les orientalistes français afin de créer un courant de sympathie, une kurdophilie, parmi les hauts dirigeants de la diplomatie française, mais aussi au sein de l'opinion publique en France*[9]». Une première génération de kurdologues, trois orientalistes et militaires français, se montrera véritablement influente: l'officier des services secrets Pierre Rondot (père du général Philippe Rondot chargé de la coordination du renseignement au ministère de la Défense de 1997 à 2005), le diplomate Roger Lescot et le Père missionnaire Thomas Bois, pionnier des études kurdes. Ces derniers reprennent à leur compte un certain nombre de stéréotypes nationaux sur le «type kurde», issus de la littérature coloniale anglaise: «*Les vertus du Kurde sont nombreuses: le maintien de la parole donnée, l'affection pour les proches parents, une attitude plus digne à l'égard des femmes que celle qu'on observe chez les autres nations musulmanes, le sens littéraire et l'amour de la poésie, la fierté de sa nation, le sens de l'humour, le sens du travail et de l'hospitalité. En outre, le Kurde n'est pas fanatique et possède des qualités "viriles".*» Ainsi, Thomas Bois affirme que «*chez les Kurdes, la femme est beaucoup plus libre que chez les autres peuples musulmans*». De surcroît, ces orientalistes sont persuadés que «*les Kurdes, à l'instar des Berbères au Maghreb, constituent au Moyen-Orient le groupe ethnique le plus apte à la civilisation occidentale de par ses origines indo-européennes, son adaptation plus libre de l'islam et son caractère national très proche des nations européennes*».

Cette proximité supposée avec les «valeurs» occidentales permet en partie de comprendre la place singulière et parfois ambivalente de la cause kurde au sein de la gauche anticolonialiste française jusqu'à aujourd'hui. Mais l'historien marxiste du Moyen-Orient Maxime Rodinson a donné une explication plus profonde des réticences à reconnaître le droit à l'autodétermination des Kurdes : « *C'est simplement que les Kurdes ont eu le tort ou le malheur d'avoir à revendiquer leur indépendance de décision à l'encontre (entre autres) de deux nations qui, elles-mêmes, revendiquaient des droits analogues et étaient, de ce fait, soutenues par la gauche mondiale. D'abord, dans le passé récent, contre une Turquie nationaliste que les puissances impérialistes d'Occident voulaient asservir et que l'évolution de sa politique intérieure n'avait pas encore rendue antipathique à cette gauche. Ensuite et surtout, contre les Arabes d'Irak (et de Syrie), alors que le peuple arabe dans son ensemble apparaissait comme une victime de choix des mêmes impérialistes et le chef de file de la lutte contre eux. Les Kurdes, en quelque sorte, seraient donc les opprimés des opprimés* [10]. »

Le spécialiste des relations internationales et stratégiques Gérard Chaliand joue un rôle de premier plan dans la redécouverte du problème kurde au début des années 1960. « *En 1959, j'ai suivi, comme étudiant à l'École nationale des langues orientales, l'enseignement du kurde prodigué par Kamuran Bedir Khan (1895-1978), un des principaux dirigeants kurdes. Je l'ai accompagné en 1960 à Berlin-Est au Ve congrès de l'Association des étudiants kurdes en Europe, où j'ai pu rencontrer un certain nombre de futurs leaders politiques kurdes, comme Abdul Rahman Ghassemlou, futur responsable du Parti démocratique du Kurdistan d'Iran qui combattra le pouvoir de Khomeini et sera assassiné à Vienne en 1989.* » En 1961, il écrit un article intitulé « La question kurde » dans le premier numéro de *Partisans*, revue généraliste dirigée par l'éditeur François Maspero, à la fois littéraire et politique, qui relaie l'expression des luttes anticoloniales. « *Très franchement, dans les années 1960, personne ne connaissait l'existence des Kurdes, à part un petit groupe restreint de tiers-mondistes. Dans l'anticolonialisme classique, on ne parlait guère des opprimés des pays d'Afrique et d'Asie décolonisés parce que tout était braqué sur l'anti-occidentalisme. La vague des indépendances a confirmé la tendance qu'un groupe politique et ethnique avait tendance à étrangler les autres composantes de ces pays. C'était le cas des Kurdes, brimés en Iran et en Irak et complètement niés en Turquie – où ils étaient contraints à l'assimilation, sous l'appellation de "Turcs des montagnes" et totalement réprimés dès qu'ils manifestaient pour leurs droits.* »

« *TRÈS FRANCHEMENT, DANS LES ANNÉES 1960, PERSONNE NE CONNAISSAIT L'EXISTENCE DES KURDES* » – GÉRARD CHALIAN.

En 1973, deux jeunes Kurdes installés en France, le peintre Remzi et le physicien Kendal Nezan, approchent Gérard Chaliand pour lui proposer de fonder le bulletin *France-Kurdistan* afin de rendre compte de la guérilla kurde en Irak. En 1975, l'accord d'Alger entre Saddam Hussein et le shah d'Iran rend impossible tout repli logistique des combattants kurdes en Iran et scelle le sort de la lutte armée. Les Américains, qui avaient fait miroiter un appui plus ou moins clandestin aux Kurdes, les abandonnent à leur sort. Après la déroute de la rébellion kurde, l'association France-Kurdistan voit le jour, sous le patronage intellectuel de Jean-Paul

Sartre, Simone de Beauvoir, Maxime Rodinson, Pierre Vidal-Naquet, Edgar Morin et du diplomate Bernard Dorin. L'ouvrage collectif *Les Kurdes et le Kurdistan*, paru aux éditions Maspero en 1978, coordonné par Gérard Chaliand et destiné à « *éclairer l'opinion sur ce problème qui commençait à être timidement connu* », sera traduit dans une dizaine de langues. L'ère Mitterrand marque un renforcement de l'intérêt du pouvoir socialiste pour la question kurde grâce à la sympathie active de Danielle Mitterrand, qui y gagnera le surnom de « *mère des Kurdes* ». En 1983, malgré les protestations scandalisées d'Ankara et de Bagdad, l'Institut kurde de Paris voit le jour à l'initiative de la linguiste Joyce Blau, de Kendal Nezan et du cinéaste kurde Yilmaz Güney, réalisateur du film *Yol*, Palme d'or à Cannes en 1982. Tandis que, en Turquie, l'armée turque, arrivée au pouvoir par le coup d'État du 12 septembre 1980, réprime l'opposition de gauche et le mouvement kurde, le pouvoir socialiste accorde des milliers de visas aux militants kurdes qui cherchent à fuir le régime. Kendal Nezan joue un rôle déterminant dans l'émergence de la prise de conscience internationale sur la question kurde, en organisant avec le gouvernement français une conférence sur les Kurdes en octobre 1989, à Paris, à laquelle participent une trentaine de délégations, dont une américaine et une soviétique.

Mais, selon Gérard Chaliand, « *ce n'est qu'avec la première guerre d'Irak en 1991, provoquée par l'invasion du Koweït par Saddam Hussein en août 1990, que le problème kurde a commencé à être véritablement pris au sérieux internationalement. C'est le moment où l'on a dû rappeler la persécution subie par les Kurdes d'Irak comme lors de l'opération Anfal de 1988, alors passée sous silence* [le gazage à l'arme chimique de la population kurde de la ville d'Halabja et les bombardements des villages avoisinants] ». Pour Gérard Chaliand, c'est encore l'inconséquence américaine qui entraîne les Kurdes dans le malheur : « *Les États-Unis ne font pas tomber le régime de Saddam Hussein, par souci de ne pas renforcer l'Iran, mais suggèrent aux chiites et aux Kurdes de se révolter, sans leur venir en aide, ce qui provoquera l'écrasement complet des premiers et la fuite des seconds vers la frontière turque et iranienne.* » Bernard Kouchner, secrétaire d'État chargé de l'action humanitaire et familier du clan Barzani, lequel dirige une partie du Kurdistan irakien, va batailler auprès de l'ONU pour permettre la livraison d'aide humanitaire. Celle-ci sera appuyée par les attaques aériennes de la coalition occidentale afin d'empêcher une offensive irakienne dans la région kurde. L'opération « Provide Comfort » consacre ainsi le « droit d'ingérence » et la doctrine de la « guerre humanitaire ». À cet égard, la situation des Kurdes irakiens va apparaître comme la caution humanitaire instrumentalisée par les puissances impérialistes.

« *CE N'EST QU'AVEC LA PREMIÈRE GUERRE D'IRAK QUE LE PROBLÈME KURDE A COMMENCÉ À ÊTRE VÉRITABLEMENT PRIS AU SÉRIEUX INTERNATIONALEMENT* » – GÉRARD CHALIAND.

La guerre du Golfe de 1991 a une puissante incidence sur l'autre grand volet de la question kurde, celui du Kurdistan turc. Le refus du gouvernement turc d'ouvrir ses frontières aux réfugiés d'Irak va renforcer la conscience et la solidarité transnationale kurdes. En Turquie s'ouvre alors une période de mobilisation de masse sous l'influence du PKK qui débouchera sur la « sale guerre » menée par l'armée turque dans le sud-est du pays. Du fait des liens diplomatiques de la France avec la Turquie et de par sa nature marxiste-léniniste, le PKK ne bénéficie pas de la bienveillance accordée aux Kurdes irakiens. Au contraire, la France se plie aux désirs d'Ankara en interdisant les activités du parti kurde. En novembre 1993, une grande opération d'intimidation du ministère de l'Intérieur de Charles Pasqua interdit les associations supposées proches du PKK et entraîne l'arrestation de plus d'une centaine de militants kurdes, qui seront tous acquittés en 2001. Une deuxième vague de répression contre les militants kurdes, sur fond d'accord de « coopération contre le terrorisme » avec la Turquie et de renforcement des liens au sein de l'Otan, est menée sous la présidence de Nicolas Sarkozy et la direction du juge Thierry Fragnoli. Des documents viendront mettre en cause l'impartialité et les montages du juge antiterroriste. Mais les affaires kurdes ne soulèvent pas d'indignation manifeste dans la société française. L'assassinat de trois militantes kurdes, le 9 janvier 2013, en plein cœur de Paris, dans des conditions qui laissent planer peu de doutes sur l'implication des services secrets turcs, ne rencontre pas l'écho d'un scandale Ben Barka ou de l'assassinat de l'opposant algérien Ali André Mécili. Les réseaux socialistes ont lâché les Kurdes de

AVEC LA LUTTE CONTRE DAECH, LES KURDES DE SYRIE SE SONT RETROUVÉS INVESTIS D'UN ENJEU DE CIVILISATION.

Turquie et seul le Parti communiste leur manifeste la marque d'un soutien fidèle. Kendal Nezan, qui a su donner une image humaniste et non partisane, s'inquiète aussi du désamour franco-kurde, alors que l'Institut kurde menace de fermer ses portes en silence en avril 2015 faute de subventions. C'est donc dans des conditions difficiles que survient le retour de flamme pour la cause kurde, au moment de la bataille de Kobané.

L'arrière-boutique des logiques militantes

Le lundi 10 novembre 2014, le théâtre du Gymnase, sur le boulevard Bonne-Nouvelle à Paris, résonne des appels à la solidarité avec la ville de Kobané, située à la frontière turque, où les forces combattantes kurdes des YPG-YPJ (les brigades, masculine et féminine, proches de l'idéologie du PYD), mal équipées, tentent de résister à l'offensive des hommes de l'État islamique, qui eux disposent d'artillerie lourde. Dans la salle du théâtre, la liaison téléphonique depuis la ville assiégée avec Nasrin Abdallah, commandante en chef des unités de protection des femmes, est un moment d'émotion palpable. Devant un auditoire composé en grande partie par les membres de la diaspora kurde de Turquie en France, les représentants des différentes formations de gauche se succèdent sur les planches : parmi eux, Martine Billard du

Parti de gauche, Alain Krivine pour le NPA, Karima Delli, députée EELV, ou encore Patrick Le Hyaric, directeur du journal *L'Humanité*. Julien Dray, alors vice-président socialiste du conseil régional d'Île-de-France, succède au micro à Mehdi Kabar, représentant d'une coordination communiste libertaire. Peu auparavant, le dirigeant PS a publié une tribune sur le site du *Huffington Post*, titrée « Un petit Stalingrad », où il appelle à fournir des armes aux combattants, en dépit de l'hostilité de la Turquie, qui redoute la montée en puissance du séparatisme kurde pour sa sécurité nationale : « *Le combat qui se déroule à Kobané concerne tous les démocrates du monde.* [...] *Démocrates et féministes doivent se mobiliser pour Kobané aussi parce qu'elle est la ville symbole de la lutte entre deux conceptions de l'humanité.* » Avec la lutte contre Daech, les Kurdes de Syrie se sont retrouvés investis d'un enjeu de civilisation. Le 22 octobre 2014, dans sa revue *La Règle du jeu*, Bernard-Henri Lévy appelait à retirer le PKK de la liste des organisations terroristes, considérant que « *le PKK et les partis qui lui sont liés doivent être reconnus pour ce qu'ils sont : un opérateur de stabilité et, demain, de paix au Proche-Orient* ».

Durant l'été 2014, l'attaque de Daech contre les populations yézidies kurdes du mont Sinjar, au nord de l'Irak, et la mise en esclavage des femmes et enfants avaient provoqué l'intervention du PKK. Devant l'inaction des peshmergas du gouvernement kurde irakien et les atermoiements de la coalition menée par les Américains, les guérilleros du PKK, venus de Turquie et de Syrie, avaient ouvert un corridor vers la Syrie pour évacuer les réfugiés. Cette opération de sauvetage avait suscité une relative sympathie pour le PKK en rapport avec l'inquiétude pour le sort des minorités religieuses et ethniques face à Daech. Par incidence, la résistance kurde exerce une étrange fascination à l'extrême droite, principalement mue par l'islamophobie. Elle pousse même certains mercenaires à aller combattre dans les rangs des YPG, ce qui rend la cohabitation parfois difficile avec d'autres volontaires internationalistes issus de l'extrême gauche, comme en témoigne ce brigadiste anonyme : « *Ces " Occidentaux " sont la source de beaucoup de problèmes sur le front. Leur mentalité de cow-boys en fait de parfaits colons parfois méprisants et méprisables*[11]. »

LA RÉSISTANCE KURDE EXERCE UNE ÉTRANGE FASCINATION À L'EXTRÊME DROITE, PRINCIPALEMENT MUE PAR L'ISLAMOPHOBIE.

Autre faux-semblant de la sympathie pour les Kurdes, la spectaculaire mise en avant de l'héroïsme des femmes kurdes contre Daech dans les médias occidentaux, au détriment du message qu'elles portent. Ces femmes en armes contrastent radicalement avec le stéréotype de la femme musulmane, voilée, recluse et soumise, en butte à une société essentiellement patriarcale, et à qui l'accès à l'espace public est strictement contrôlé par les hommes. Pour Dilar Dirik, activiste kurde et doctorante en sociologie à Cambridge, cette fascination pour ces « amazones » renvoie à la centralité de la représentation des femmes à destination de l'opinion occidentale : « *Cela n'aide nullement les femmes kurdes d'être "glorifiées" comme des ennemies de Daech si leur lutte politique entière n'est pas reconnue. Le "blanchiment" de la résistance des femmes kurdes par les médias occidentaux édulcore une lutte radicale de façon à ce qu'elle convienne aux perceptions de l'audience occidentale*[12]. »

AUTRE FAUX-SEMBLANT DE LA SYMPATHIE POUR LES KURDES, LA SPECTACULAIRE MISE EN AVANT DE L'HÉROÏSME DES FEMMES KURDES CONTRE DAECH DANS LES MÉDIAS OCCIDENTAUX.

À gauche, les non-dits autour de la nouvelle question kurde sont parfois insondables pour qui n'est pas familier des problématiques du Moyen-Orient, mais, mis en lumière, ils peuvent être révélateurs de clivages importants. Pour Emre Öngün, docteur en science politique : « *Au sein de la gauche de la gauche, ce qui fait actuellement débat à propos de la question kurde, c'est la situation syrienne, où l'on a une configuration de deux blocs constitués à la fois par des forces considérées comme progressistes, qui sont parfois alliées avec des forces contre-révolutionnaires. Cela rend les positionnements extrêmement compliqués. Une partie de la gauche, notamment autour de Jean-Luc Mélenchon, considère Bachar El-Assad comme " un moindre mal" et soutient la politique de Poutine. Cela a contribué à l'invisibilisation de la révolution syrienne. Le fait que la mouvance du PYD en Syrie puisse collaborer avec des forces du régime et l'armée russe et réprime les opposants à El-Assad, en les assimilant à des djihadistes, rend le positionnement problématique. L'autre point ambigu, c'est le fait que les États-Unis arment l'YPG, ce qui entache l'exigence de non-intervention occidentale. Mais, s'il suffisait de mettre un signe moins chaque fois que les impérialistes mettent le signe contraire, tout serait très simple.* »

La carte jouée par le PYD en Syrie prête en effet à des interprétations simplistes si on raisonne en termes d'alliances, réelles ou supposées. Le PYD, qualifié d'organisation terroriste par la Turquie, en refusant de se mettre sous le commandement de l'Armée syrienne libre – qui rejette les revendications kurdes et bénéficie du soutien de la Turquie et des puissances occidentales –, a choisi de faire cavalier seul. En scellant un pacte tacite, mais risqué, de non-agression avec le régime, le PYD a su mettre sa zone d'influence à l'abri des bombardements de ce dernier. Les responsables politiques du Rojava, systématiquement exclus des négociations de paix de Genève sur la Syrie, ont voulu mettre tous les acteurs du conflit devant le fait accompli en proclamant, le 16 mars 2016, la création *de facto* d'une Fédération du nord de la Syrie, « *sur une base territoriale et non ethnique* ». L'annonce de cette perspective fédéraliste a su, au final, réunir le régime d'El-Assad, l'opposition syrienne et la Turquie dans un même élan de réprobation. Sur le plan international, l'incohérence règne : tandis que le PKK en Turquie est considéré comme une organisation terroriste, les unités YPG/YPJ de Syrie sont soutenues comme les seules forces au sol à combattre Daech.

Mais la stratégie du PYD a suscité l'hostilité des révolutionnaires civils syriens, même non islamistes, qui voient dans le mouvement kurde un totalitarisme ethniciste. Les réseaux sociaux français dégorgent de propos extrêmement violents à l'encontre de ces « *rats* » ou « *chiens d'apostats* » du PKK, qui « *poignardent les Arabes dans le dos* ». C'est le cas de nombreux *followers* de l'homme politique Mourad Ghazli, maire-adjoint UDI de la ville de Thiais, ex-UMP, qui fait du lobbying proturc au sein du *think tank* Mouvement pour la renaissance ottomane, en réclamant l'interdiction de toute manifestation de soutien au PKK. Chez d'autres militants, animés par l'antisionisme, la projection par certains néoconservateurs américains et israéliens d'un Kurdistan indépendant, entité non arabe (et riche en réserves pétrolières) qui serait un « *allié naturel d'Israël* », rend rédhibitoire tout soutien aux Kurdes.

La relégation ou la négation de la question kurde sont également prégnantes au sein de l'univers de la recherche sur le monde musulman, où les experts expriment souvent des affinités avec le panarabisme ou l'islam politique. Ainsi, de nombreux chercheurs sympathisants de la révolution syrienne, comme François Burgat, Romain Caillet ou Thomas Pierret, sont enclins à un très net scepticisme face à l'expérience d'autonomie au Rojava, reprenant parfois, au détour d'un tweet, la rhétorique « PYD = PKK = terroristes ». En somme, la plupart des logiques militantes à l'œuvre, qui commandent l'empathie ou le dédain pour les luttes des Kurdes, ont peu à faire de la reconnaissance de leurs droits en tant que peuple colonisé. On revient au constat exprimé par Maxime Rodinson : la question kurde fait toujours figure de variable d'ajustement dans un jeu géostratégique dont elle n'est au fond qu'un élément subalterne.

1. Voir O. Grojean, « La production de l'Homme nouveau au sein du PKK », *European Journal of Turkish Studies*, n° 8, 2008.
2. Ö. Yilmaz, *La Formation de la nation kurde en Turquie*, PUF, Paris, 2013.
3. O. Grojean, « Écarté mais incontournable ? Öcalan et le mouvement kurde de Turquie », *Savoir/Agir*, 1/2009.
4. Mesut Yegen, « The Turkish Left and the Kurdish Question », *Journal of Balkan and Near Eastern Studies*, n° 18, 2016. [Traduction de l'auteur.]
5. Öcalan voit même dans ce modèle la possibilité d'un règlement de la question israélo-palestinienne : « *Le conflit israélo-palestinien démontre clairement l'inefficacité du paradigme de l'État-nation dans la recherche d'une solution. Le sang a coulé de part et d'autre, laissant un héritage difficile, fait de problèmes apparemment insolubles.* [...] *Les Juifs font partie des porte-étendards de la culture moyen-orientale ; toute négation de leur droit à exister est une attaque contre le Moyen-Orient en tant que tel. S'ils se transformaient, comme les Arméniens et Araméens, en nation démocratique, il leur serait alors plus aisé de participer à une confédération démocratique du Moyen-Orient.* [...] *Il ne fait cependant aucun doute que ses voisins doivent, eux aussi, accomplir cette transformation.* »
6. La connexion entre Bookchin et Öcalan a été racontée par la compagne et continuatrice de Bookchin, Janet Biehl, dans une intervention intitulée « Bookchin, Öcalan, and the dialectics of democracy », lors de la conférence « Challenging capitalist modernity. Alternative concepts and the Kurdish question », organisée à Hambourg du 3 au 5 février 2012.
7. Voir M. Léonard, « Sous le paradigme kurde », *CQFD*, n° 132, mai 2015.
8. « 2 jours à Kobanê avec les camarades des YPJ/YPG », sur le blog nevarneyok.noblogs.org, 28 avril 2015.
9. J. Tejel Gorgas, « Les constructions de l'identité kurde sous l'influence de la « connexion kurdo-française » au Levant (1930-1946) », *European Journal of Turkish Studies*, n° 5, 2006.
10. Préface à G. Chaliand (dir.), *Les Kurdes et le Kurdistan*, Maspero, Paris, 1978.
11. Témoignages uniques de volontaires, « Rojava : YPG-YPJ chroniques ordinaires du front », Kedistan.net.
12. « Western fascination with "badass" Kurdish women », aljazeera.com, 29 octobre 2014 [Traduction kedistan.net.]

NOTRE INCONSCIENT NUMÉRIQUE

Comment
les infrastructures du Web
transforment nos esprits

PAR **YVES CITTON**

Un courant intellectuel récent, consacré à l'« archéologie des infrastructures », a mis au jour la matérialité de notre environnement électronique : câbles sous-marins, terres rares, minerais, data centers, etc., sont nécessaires au bon fonctionnement de l'économie du Web. Bien loin de la dématérialisation longtemps vantée par les apôtres du progrès numérique, cette économie repose en outre sur des modèles formels anciens et centralisés (réseaux d'égouts, de chemin de fer…). Non seulement son impact écologique est désastreux – consommant davantage d'énergie que l'ensemble du secteur de l'aviation –, mais elle renforce de plus en plus, notamment au travers de ce qu'on appelle le Cloud (le stockage à distance des données), une logique de dépossession des utilisateurs : les tablettes, ordinateurs et autres smartphones s'apparentent de plus en plus à de simples terminaux. Surtout, les « infrastructures numériques » – les logiciels, les systèmes d'exploitation, les codes – transforment en profondeur nos subjectivités en se substituant à notre inconscient…

Au cours des cinq dernières années, une réorientation frappante s'est opérée dans le domaine de l'étude des médias. Les sujets à la mode ne sont plus le virtuel ou l'intelligence collective, mais l'infrastructure matérielle souterraine, et surtout sous-marine, nécessaire à ce que le moindre de nos clics puisse entraîner des myriades de réactions instantanées aux quatre coins de la planète. Ce qui émerge lorsqu'on regarde de quoi les tablettes sont faites plutôt que les images qui s'affichent sur leur écran, c'est l'impact écologique désastreux des gadgets médiatiques à obsolescence programmée, les terres rares utilisées dans les *smartphones*, l'histoire des câbles sous-marins par lesquels passent la plupart des messages, des sons et des images circulant entre nous [1].

Des petits bouts d'Afrique en poche

Même si on la localise désormais dans un nuage (le *Cloud*), la puissance de computation ne tombe pas du Ciel. « *Chaque fois que vous achetez quelque chose par une transaction en Bitcoin* [cette monnaie numérique générée et garantie par de la puissance de computation], *vous utilisez autant d'énergie qu'un ménage américain et demi consomme en une journée entière* » toutes activités comprises[2]. Prise dans son ensemble, « *l'empreinte carbone totale des serveurs disséminés sur la planète dépasse déjà celle de tout le transport aérien, et va encore probablement tripler d'ici 2020* » ; si on le comparait à un État-nation, « *le* Cloud *serait aujourd'hui le cinquième plus gros consommateur mondial d'électricité, plus vorace que l'Inde, l'Allemagne, le Canada, la France, le Brésil ou l'Angleterre* »[3].

SI ON LE COMPARAIT À UN ÉTAT-NATION, « *LE* CLOUD *SERAIT AUJOURD'HUI LE CINQUIÈME PLUS GROS CONSOMMATEUR MONDIAL D'ÉLECTRICITÉ.* »

Au-delà des questions énergétiques, cette matérialité est bien entendu indissociablement géologique et géopolitique. En amont de leur production, les *smartphones* et tablettes risquent d'épuiser en quelques décennies des réserves de minerais et terres rares accumulés sous terre depuis des millions d'années – et extraites par la main-d'œuvre des pays pauvres dans des conditions quasi-esclavagistes. « *Des milliards de Terriens aux quatre coins de la planète portent ainsi dans leur poche des petits bouts d'Afrique*[4]. » En aval de nos gestes d'utilisateurs et de consommateurs, l'obsolescence programmée à des fins de profits commerciaux accumule d'ores et déjà des montagnes de déchets toxiques qui empoisonneront l'environnement des pays pauvres pendant des siècles[5].

LA RÉALITÉ DU WEB EST « CÂBLÉE PLUTÔT QUE SANS FIL ; SEMI-CENTRALISÉE PLUTÔT QUE DIFFUSE ; FORTEMENT ANCRÉE DANS DES TERRITOIRES PLUTÔT QUE DÉTERRITORIALISÉE, ETC. »

Les travaux de recherche sur l'infrastructure du numérique renversent notre imaginaire commun : la réalité du web est « *câblée plutôt que sans fil; semi-centralisée plutôt que diffuse ; fortement ancrée dans des territoires plutôt que déterritorialisée ; précaire plutôt que résiliente ; rurale et aquatique plutôt qu'urbaine*[6] ». Un tel renversement de perspective fait apparaître au moins deux phénomènes saillants.

Le premier tient à la *re-centralisation* qui a lieu lorsque nos usages passent de l'ordinateur personnel (ou PC), relativement autonome dès lors que les programmes ont été installés sur son disque dur, à des *smartphones* et des tablettes dont les applications ne fonctionnent que grâce à leur connexion aux serveurs du *Cloud*[7]. Si celui-ci ressemble superficiellement à l'ancien Internet connectant des PC au sein d'un réseau partagé – d'où les problèmes de contagion et de protection de la vie privée –, il réinstaure une forte dimension de centralisation, puisque quelques points stratégiques peuvent en contrôler l'accès, le débit et le fonctionnement. Davantage qu'un saut en avant vers plus de liberté et de mobilité, le « progrès » du *Cloud Computing* ressemble étonnamment à un retour en arrière, vers les énormes ordinateurs collectifs des années 1960, à l'époque où ils étaient partagés par de nombreux utilisateurs en *time-share*, en tranches de temps limité d'usage d'une machine à laquelle on avait accès par l'entremise d'un « terminal ». Alors que l'époque du PC conférait une admirable autonomie aux utilisateurs individuels, qui pouvaient disposer d'une énorme puissance de computation à domicile, à plein temps et à leur gré – se trouvant en position de reprogrammer l'ordinateur central lui-même, ce qui a permis l'éclosion des pratiques et des éthiques de la génération *hackers* –, la prégnance actuelle des plateformes retransforme les *smartphones* et tablettes en vulgaires terminaux, dont la principale fonction est de donner accès (par des applications) à des serveurs lointains échappant complètement à notre contrôle.

Du monde plat à l'empilement du *Stack*

Le deuxième phénomène tient à la *re-verticalisation* solidaire de cette re-centralisation. Aux échanges horizontaux qui portaient les promesses libératrices de l'Internet se superpose désormais tout un « empilement » de structures de plus en plus fortement intégrées et hiérarchisées, sous le pouvoir dominant des plateformes, où les GAFA (Google, Amazon, Facebook, Apple) et autres NATU (Netflix, Airbnb, Tesla, Uber) jouent un rôle proprement central. Un livre récent de Benjamin Bratton cartographie cet empilement (le « *Stack* ») en y distinguant six couches superposées. Sur la fondation géologique et les ressources physiques

AUX ÉCHANGES HORIZONTAUX QUI PORTAIENT LES PROMESSES ÉMANCIPATRICES DE L'INTERNET SE SUPERPOSE DÉSORMAIS TOUT UN « EMPILEMENT » DE STRUCTURES.

que lui fournit « *la Terre* », « *le Cloud* » apparaît comme un archipel de « *serveurs, de bases de données, de sources d'énergie, de fibres optiques, d'appareils de transmission sans fil et d'applications distribuées* »[8]. La couche de « *la Ville* » fait apparaître des concentrations d'activités, de rencontres et d'habitations en mégapoles discontinues et parfois lointaines, connectées par d'incessants va-et-vient de corps et d'informations. La couche des « *Adresses* » permet l'individuation conjointe de plus en plus fluide des êtres humains et des objets connectés, les transformant tous ensemble en entités communicables, traçables, computables. La couche des « *Interfaces* » structure les interactions possibles entre les agents et leur environnement, facilitant certaines opérations plutôt que d'autres, selon les façons dont sera dessiné le paysage instrumental fourni par chaque appareil. Enfin, tout en haut de cet empilement, la couche de « *l'Utilisateur* » fait apparaître ces entités humaines et non humaines dont les interventions déclenchent les transmissions de signaux électriques qui font incessamment frissonner le *Stack*. Chacun de nos clics envoie en effet un courant électrique qui traverse l'empilement de haut en bas, avant de remonter pour faire surface auprès d'une série d'autres utilisateurs, qui enverront sans doute alors à leur tour une série d'autres signaux électriques – traversant et agitant à chaque fois, à la vitesse de la lumière, certaines *Interfaces* localisables à certaines *Adresses*, connectant certaines *Villes* au sein des vastes plateformes du *Cloud*, consommant toujours davantage des ressources de notre *Terre* au fur et à mesure de l'étirement, de l'accélération et de l'intensification des frissons qui y circulent.

C'EST AVANT TOUT SUR L'INCONSCIENT DES PLATEFORMES QU'IL CONVIENT DE SE PENCHER SI L'ON ESPÈRE MIEUX ÉVALUER LES DANGERS ET LES ESPOIRS PROPRES À NOS INFRASTRUCTURES NUMÉRIQUES.

Le *Stack* forme une « *mégastructure accidentelle* » : sa composition résulte autant de conflits et d'incompatibilités forcées à se connecter les unes aux autres, que de projets savamment calculés de conquêtes stratégiques. C'est au fil d'accidents – de choses imprévues qui arrivent et qui ratent – que se sont mises en place et que se renouvellent sans cesse les entités peuplant les différentes strates. Au sein de cet empilement à la fois rigidement automatisé et perpétuellement improvisé, c'est certainement l'échelle des «*plateformes*» (comme les GAFA et NATU) composant le *Cloud* qui est la plus nouvelle et la plus intéressante. Et c'est avant tout sur l'inconscient des plateformes qu'il convient de se pencher si l'on espère mieux évaluer les dangers et les espoirs propres à nos infrastructures numériques. Même s'il est important de comprendre en quoi nous entrons dans une ère de « *souveraineté des plateformes* », il serait aussi trompeur de les concevoir comme des États que comme des formes de marché, parce qu'« *une plateforme est à la fois un État, un marché et une machine* »[9].

On peut d'ores et déjà esquisser une caractérisation sommaire de leurs propriétés et de leurs effets : plutôt que des scénarios tout écrits, les plateformes proposent des scènes sur lesquelles chacun est invité à déployer l'action qui lui conviendra. La standardisation rigoureuse imposée à quiconque y a recours fait fortement contraster « *une liberté des fins* » avec « *une autocratie des moyens* ». Plus souvent on utilise une plateforme, plus on est nombreux à le faire, plus on la nourrit d'information, et plus cette information gagne en plus-value – pour l'utilisateur comme pour la plateforme –, mais aussi plus des barrières tendent à s'élever autour d'elle, rendant plus coûteux de la quitter pour une autre. En effet, les plateformes créent des identités qui tendent à coller à leur utilisateur, qu'il le veuille ou non. Les plateformes sont souvent trompeuses, en ce qu'elles « *ne ressemblent pas à ce qu'elles font, et ne font pas ce à quoi elles ressemblent*[10] » : Google, par exemple, semble vous donner gratuitement accès à toute l'information du monde, mais fait d'énormes profits en vendant votre attention au plus offrant.

PLUTÔT QUE DES SCÉNARIOS TOUT ÉCRITS, LES PLATEFORMES PROPOSENT DES SCÈNES SUR LESQUELLES CHACUN EST INVITÉ À DÉPLOYER L'ACTION QUI LUI CONVIENDRA.

Le dur pouvoir du *software*

Par rapport au tournant matérialiste de l'étude des médias, Benjamin Bratton semble avoir déplacé le curseur : il ne parle plus seulement des dures réalités du *hardware* (kilomètres de câbles, montagnes de serveurs, mines à ciel ouvert ou décharges empoisonnées), mais tout autant des souples virtualités du *software*. Un système d'exploitation comme Windows ou Linux, un algorithme comme PageRank de Google ou une application pour *smartphone* ressemblent en effet bien à des infrastructures, fournissant les bases, les cadres et les règles au sein desquels nous faisons circuler de l'information. Mais ces infrastructures sont diffuses, partagées, « immatérielles ». Comme les connaissances et les informations, les logiciels sont des « biens non rivaux », à savoir des biens qu'on peut donner sans les perdre soi-même. Je peux vous apprendre l'anglais sans le perdre ; je peux vous donner copie d'un logiciel sans m'en priver. Ce sont des biens qu'on peut partager sans devoir renoncer à sa propre part. Leur localisation pose donc des problèmes inédits. C'est pourquoi les strates de l'empilement ne se laissent pas dessiner sur nos cartes de géographie : alors qu'une ville, un serveur, un utilisateur peuvent être situés précisément en termes de longitude et de latitude, un réseau, une interface ou même une adresse mail échappent souvent à toute localisation stable, se situant entre nous, partout et nulle part – plutôt qu'ici ou là, dessus ou dessous, dedans ou dehors.

Ces problèmes de localisation viennent peut-être de ce que, comme l'avait bien souligné le père de l'archéologie des médias allemande, Friedrich Kittler, dans un article provocateur de 1993, à strictement parler, « *il n'y a pas de* software [11] ». La frontière entre l'infra- et le supra-, entre le *hard* et le *soft* n'est localisable nulle part entre le code-machine et l'interface-utilisateur, puisque tout y relève d'un automatisme régi par les 0 et les 1 des circuits électroniques. Plutôt qu'infra- ou supra-, les logiciels sont à proprement parler *intra*-structurels : *ils structurent les interactions numériques depuis l'intérieur*, à travers de multiples couches qui vont progressivement du plus *hard*, comme le langage-machine commandant le passage ou le blocage des flux électroniques à l'échelle du microprocesseur, jusqu'au plus *soft*, comme les manipulations d'objets que l'utilisateur peut actionner à l'aide de commandes intuitives (copier/coller, chercher, répéter, etc.).

ALORS QU'UNE VILLE, UN SERVEUR, UN UTILISATEUR PEUVENT ÊTRE SITUÉS PRÉCISÉMENT, UN RÉSEAU, UNE INTERFACE OU MÊME UNE ADRESSE MAIL ÉCHAPPENT SOUVENT À TOUTE LOCALISATION STABLE, SE SITUANT ENTRE NOUS, PARTOUT ET NULLE PART.

Ce quasi-continuum entre le *hard* et le *soft*, l'infra- et le supra-, le dedans et le dehors, au sein des appareillages numériques, invite moins à nier l'existence du *software*, comme le faisait scandaleusement Kittler, qu'à le pluraliser : *il y a de multiples strates de* software – dont chacune tend à introduire des inégalités de pouvoir entre les utilisateurs [12]. En effet, plus une interface est simple à manipuler pour un utilisateur non expert, plus le logiciel qui en assure le fonctionnement tend à superposer une multiplicité de couches qui accroissent son opacité. Plus c'est facile, plus c'est impénétrable ; plus j'ai de pouvoir dans mon utilisation superficielle du logiciel, moins j'ai de pouvoir dans ma compréhension de ses opérations effectives. Autrement dit : plus je me sens libre, plus je suis soumis à l'hétéronomie du code.

PLUS JE ME SENS LIBRE, PLUS JE SUIS SOUMIS À L'HÉTÉRONOMIE DU CODE.

L'une des propriétés majeures des intrastructures numériques est justement d'exacerber une hétéronomie à situer au cœur même de ma puissance d'agir. On est ici à l'opposé direct de la « *convivialité* » demandée à nos outils par Ivan Illich dans les années 1970[13]. Pour lui, un vélo est plus convivial qu'une voiture parce que je peux comprendre son fonctionnement et le réparer moi-même lorsque sa chaîne déraille, alors que je dépends du mécanicien lorsque ma voiture refuse de démarrer – et nos voitures actuelles, truffées d'ordinateurs, sont encore bien moins conviviales, bien plus hétéronomes, que les 2CV ou les Coccinelles des années 1970. À l'heure même où l'idéologie de la « bonne gouvernance », des « normes de qualité » et du « nouveau management public » fait mine d'imposer partout un impératif de « transparence » – reposant de part en part sur le numérique pour s'implémenter de façon souvent rigide et calamiteuse –, les intrastructures numériques multiplient les « boîtes noires », qui laissent l'immense majorité des utilisateurs démunis et impuissants face aux diktats des logiciels.

Comme l'annonçait Vilém Flusser il y a plus de quarante ans, quiconque ne sait pas coder et hacker se voit désormais condamné au statut d'analphabète dans un monde régi par le code, par les bases de données et par les algorithmes[14]. Les idéaux démocratiques resteront formels et fumeux tant qu'on ne prendra pas au sérieux d'éduquer toutes les populations aux logiques, aux protocoles et aux pratiques de base qui régissent les intrastructures numériques. De ce point de vue, introduire des tablettes dans les salles de classe est sans doute la pire chose à faire dans ce domaine, puisque, simples terminaux distribuant un pouvoir à sens unique venant du haut des plateformes, elles sont l'exemple le plus caricatural de la boîte noire et du triomphe de l'« hétéronomie ».

QUICONQUE NE SAIT PAS CODER ET HACKER SE VOIT DÉSORMAIS CONDAMNÉ AU STATUT D'ANALPHABÈTE DANS UN MONDE RÉGI PAR LE CODE.

L'inconscient technologique

Le géographe britannique Nigel Thrift parlait dès 2007 d'« *inconscient technologique* » pour désigner l'ensemble des protocoles – aujourd'hui presque intégralement numérisés – dont nous dépendons pour nous orienter dans notre monde. Depuis le système des adresses de rue et des codes postaux patiemment mis en place dès l'Ancien Régime, jusqu'aux codes-barres, puces RFID et GPS des dernières décennies, cet inconscient technologique fournit les repères de « *positionnement et juxtapositionnement* » qui nous permettent de savoir à chaque instant où – et qui – nous sommes[15]. Depuis les grands ordinateurs accessibles par des terminaux et partagés en *time-share* jusqu'aux ordinateurs personnels permettant à chacun d'emporter avec soi son disque dur et ses logiciels, puis jusqu'aux *smartphones*, capteurs et émetteurs de flux d'informations en temps réel, cette intrastructure numérique est devenue non seulement « ubiquitaire », selon le terme consacré, mais surtout *endémique* et *hypodermique* : c'est désormais elle qui structure de l'intérieur à la fois nos populations et nos subjectivités.

On peut observer comment cette intrastructure devient endémique en étudiant par exemple, avec Keller Easterling, la façon dont l'Internet haut-débit installé au Kenya reconfigure les aspects les plus inattendus de la vie sociale, depuis les opérations bancaires jusqu'aux dons de sang, en passant par les mobilisations politiques. On comprend comment ces transformations infiltrent les subjectivités lorsque la même auteure analyse la promulgation et l'implémentation des « normes de qualité » et d'homologation qui réglementent de plus en plus intimement les gestes de production et de consommation, depuis les normes ISO de l'International Organization for Standardization jusqu'aux labels du bio et du commerce équitable. Ce management mondial de la qualité standardisée – qui occupait 1 % des employés en 1965, mais déjà 13 % en 1995 – induit des habitudes formelles et bureaucratiques apparemment détachées de tout contenu spécifique, qui passent le plus souvent en-dessous du radar des débats politiques. Il dissimule ses effets sociaux et environnementaux, souvent calamiteux, sous une apparence de neutralité technocratique remarquablement comparable à celle des « protocoles » logiciels qui régissent la circulation numérique sur Internet[16].

LE MANAGEMENT MONDIAL DE LA QUALITÉ STANDARDISÉE INDUIT DES HABITUDES FORMELLES ET BUREAUCRATIQUES APPAREMMENT DÉTACHÉES DE TOUT CONTENU SPÉCIFIQUE.

Easterling parle de « *disposition* » pour rendre compte du mode d'action et d'influence propre à l'intrastructure spatiale pétrie de numérique qui constitue notre inconscient technologique. Une disposition est une « *propension au sein d'un contexte* », une « *tendance* », « *quelque chose qu'un certain mode d'organisation fait* » et « *fait faire* », à partir d'une « *relation entre objets composants* » ou « *entre potentiels* »[17]. On pourrait y voir un *conatus*, cette tendance interne qui, selon des philosophes du XVIIe siècle comme Spinoza, pousse un existant à persévérer dans son être. Sauf que, justement, la notion de disposition fait de cette tendance supposée interne la résultante d'une propension induite par un contexte extérieur. D'où l'intérêt, ici aussi, à parler d'*intra*-structure pour désigner ce retournement du dehors en dedans, qui in-forme les *conatus* de façon endémique et hypodermique, à partir d'une disposition de l'espace, d'une mise en réseau, d'un appareillage ou d'un logiciel.

In-traces-structures ?

Comment mieux comprendre les dynamiques par lesquelles les médias numériques parviennent à agir depuis l'intérieur, alors même qu'ils ne consistent qu'en un jeu superficiel d'interfaces ? Ce sont bien entendu les problèmes liés aux traces numériques et aux *big data* qui mettent ces questions au premier plan des débats actuels. Dominique Cardon vient de proposer une cartographie des différentes façons dont les algorithmes tout à la fois, et indissociablement, observent, analysent, comptent, monitorent, surveillent, influencent et conditionnent les comportements connectés[18].

LES ALGORITHMES TOUT À LA FOIS, ET INDISSOCIABLEMENT, OBSERVENT, ANALYSENT, COMPTENT, MONITORENT, SURVEILLENT, INFLUENCENT ET CONDITIONNENT NOS COMPORTEMENTS CONNECTÉS.

Au sein de l'intrastructure numérique, les algorithmes agissent parfois à côté des clics, dans les relevés d'audience et de médiamétrie, comptant des « vues » et mesurant de la « popularité ». Ils peuvent aussi agir *au-dessus des clics*, lorsque PageRank de Google compte des « liens » et des « valeurs d'attention », classant les sites selon un principe d'« autorité ». Ils peuvent également agir *depuis l'intérieur* des réseaux de sociabilité, lorsque Facebook compte des « *likes* », fournissant un système de « *benchmarks* » selon des logiques de « réputation ». Enfin, ils peuvent influencer les clics *par en dessous*, lorsque Amazon, Netflix ou un catalogue de bibliothèque font une « recommandation » sur la base des « traces » emmagasinées au fil de nos navigations antérieures, selon une logique qui relève ici de la « prédiction » – fréquemment autoréalisatrice. Les différences importantes entre ces quatre régimes de gouvernementalité algorithmique doivent inciter à conjuguer au pluriel de multiples intrastructures numériques enchevêtrées, dont les dynamiques et les effets méritent d'être finement différenciés. À côté, au-dessus, depuis l'intérieur, par en dessous : cette catégorisation a le grand mérite de montrer que le *software* pénètre de partout notre inconscient technologique.

À CÔTÉ, AU-DESSUS, DEPUIS L'INTÉRIEUR, PAR EN-DESSOUS : CETTE CATÉGORISATION DES RÉGIMES DE GOUVERNEMENTALITÉ ALGORITHMIQUE A LE GRAND MÉRITE DE MONTRER QUE LE *SOFTWARE* PÉNÈTRE DE PARTOUT NOTRE INCONSCIENT TECHNOLOGIQUE.

C'est au quatrième niveau surtout – celui qui permet de « prédire », ou d'anticiper, le comportement des internautes – que s'opère actuellement un couplage inédit entre les *big data* et ce qu'on appelle des « *algorithmes apprenants* » : le Français Yann LeCun, dont les cours au Collège de France ont fait salle comble cette année, est l'un des pionniers de cet « *apprentissage profond* » (ou « *apprentissage-machine* », « *machine-learning* ») permettant de structurer le traitement des données en cascade d'analyses

CERTAINS VOIENT L'AVÈNEMENT DE « *SCIENCES SOCIALES DE TROISIÈME GÉNÉRATION* » DANS LA FAÇON DONT NOS TRACES SONT COLLECTÉES, SÉLECTIONNÉES ET ALGORITHMÉES.

qui en arrivent à isoler par elles-mêmes des aspects pertinents à repérer pour accomplir une tâche préassignée[19]. Autrement dit : au lieu de devoir à chaque étape préciser à la machine ce qu'elle doit observer et comptabiliser, on arrive à lui faire repérer par elle-même ce qui, de couche en couche, doit être pris en compte comme pertinent pour obtenir les résultats désirés.

Les implications de ces développements sont énormes, quoique encore insuffisamment discutées. Certains, à la suite de Dominique Boullier, voient l'avènement de « *sciences sociales de troisième génération* » dans la façon dont nos traces sont collectées, sélectionnées et algorithmées pour transformer *automatiquement et instantanément* les mesures observées (à des fins de savoir) en mesures exécutées (à des fins d'action) – servant de prédictions autoréalisatrices, et donc de vecteurs, aux comportements futurs[20]. D'autres poussent la révolution de l'apprentissage-machine jusqu'à affirmer que c'est l'activité même de théorisation et de formation des hypothèses – une activité jouant un rôle central dans les sciences sociales telles que nous les connaissions – qui se trouverait court-circuitée et rendue obsolète par ces nouveaux développements.

Une déclaration célèbre et scandaleuse de Chris Anderson, rédacteur du magazine *Wired*, a en effet prétendu que ce couplage automatique entre les traces des *big data* et les algorithmes de l'apprentissage-machine marquait la « *fin de la théorie* », le déluge des *data* rendant la méthode scientifique obsolète. Dès lors que les puissances de traitement se situent dans l'ordre du pétaoctet (équivalant à 10^{15} octets), « *la corrélation suffit. Nous pouvons arrêter de chercher des modèles. Nous pouvons analyser les données sans faire d'hypothèses quant à ce qu'elles pourront révéler. Nous pouvons balancer des chiffres dans les plus gros assemblages d'ordinateurs que le monde connaisse et laisser les algorithmes statistiques trouver les structures de formes* [patterns] *que la science est incapable de découvrir*[21] ». Les structures sont dans les traces – in-traces-structures – et les sciences sociales de troisième génération pourraient se contenter de laisser mouliner les machines apprenantes pour en faire émerger, « par en dessous » des efforts de compréhension, les structures qui dirigent les comportements « par en dessous » des choix conscients…

Les médias du XXIe siècle

Cette conclusion conduisant à affirmer l'obsolescence de la théorie et des hypothèses scientifiques est bien entendu discutable. Plutôt que de s'en offusquer, essayons de comprendre plus précisément en quoi, d'une certaine façon, elle se réalise déjà quotidiennement – et comment il est possible, et nécessaire, d'en contrer les effets pervers. En France, les travaux de Bernard Stiegler, d'Éric Sadin ou de Franco Berardi ont déjà dénoncé les dangers de cette automatisation de nos processus mentaux, avec les effets de précarisation mentale et de prédictions autoréalisatrices qui s'en trouvent induits[22]. Le travail d'un chercheur moins connu de ce côté-ci de l'Atlantique mérite toutefois de retenir notre attention pour les éclairages particulièrement vifs et nuancés qu'il apporte sur ces questions.

EN FRANCE, LES TRAVAUX DE BERNARD STIEGLER, D'ÉRIC SADIN OU DE FRANCO BERARDI ONT DÉJÀ DÉNONCÉ LES DANGERS DE CETTE AUTOMATISATION DE NOS PROCESSUS MENTAUX.

Professeur de théorie des médias à l'université Duke en Caroline du Nord, Mark B. N. Hansen s'efforce depuis une quinzaine d'années de comprendre les mécanismes de ce qu'il nomme dans son dernier ouvrage les « *médias du XXI*e *siècle* » (ceux-là mêmes qui constituent nos intrastructures numériques). Son travail a consisté à déplacer l'accent mis dans les pages précédentes sur les phénomènes d'*espace* (câbles sous-marins, disposition, topologie, topographie) vers des phénomènes de *temporalité*. Les médias du XXIe siècle se caractérisent en effet par les « *micro-temporalités* » auxquelles ils opèrent : face à de l'information qui se déplace à la vitesse de la lumière dans la fibre optique, face à des processeurs qui traitent des quantités inimaginables de données en une fraction de seconde, notre appareil mental et nos processus de délibération (individuels et collectifs) sont condamnés à être toujours en retard sur ce que les appareils numériques ont déjà computé pour nous.

Jusqu'au XXe siècle, les médias pouvaient être considérés comme des prothèses prolongeant, accélérant ou augmentant les capacités humaines d'enregistrement et de transmission de données adressées à la perception et à la conscience. Les intrastructures numériques du XXIe siècle instaurent quant à elles des communications d'un tout autre ordre. Elles ne s'adressent plus à nous en tant que sujets de perception ou de conscience, mais en tant qu'appareils sensoriels ultra-sensibles. Vous souffrez de diabète ? Un capteur enregistre et transmet en temps réel vos mesures de glucose et d'insuline à un serveur qui vous enverra un signal d'alarme lorsque des taux-limites seront atteints. Tant que vous allez bien, et que l'alarme ne sonne pas, votre perception n'est pas concernée. Et pourtant les flux de données sont saisis très loin de vous – et utilisés pour affiner les prédictions sur des variations qui peuvent facilement être corrélées avec votre géolocalisation, vos activités, vos causes de stress, etc. « *En rupture fondamentale avec la conception – de Platon à Derrida et Stiegler, en passant par McLuhan – des médias comme prothèses, les médias du XXI*e *siècle médient directement l'infrastructure causale de la sensibilité du monde* [worldly sensibility]. [...] *C'est précisément parce que les industries de la culture et des* data *peuvent aujourd'hui court-circuiter la conscience et se brancher directement sur les données comportementales, biométriques*

LES INTRASTRUCTURES NUMÉRIQUES NE S'ADRESSENT PLUS À NOUS EN TANT QUE SUJETS DE PERCEPTION OU DE CONSCIENCE, MAIS EN TANT QU'APPAREILS SENSORIELS ULTRA-SENSIBLES.

et environnementales qu'elles sont toujours mieux capables de capturer notre "attention" sans que nous en ayons conscience ; précisément parce qu'elles disqualifient la délibération et la réponse conscientes, les données comportementales micro-temporelles qui échappent à notre conscience permettent aux industries des données et de la culture de réussir à resserrer le circuit allant de la sollicitation à la réponse[23]. »

La notion de « superstructures », chez les marxistes, fait référence à la sphère des idées et des institutions, tandis que celle d'« infrastructures » renvoie à la production matérielle de nos existences. À travers l'amélioration de l'apprentissage profond, les intrastructures numériques, faites de capteurs et de déclencheurs branchés souvent directement sur des processeurs et des algorithmes, prennent de plus en plus d'indépendance envers les claviers et les écrans. *En dessous de*s opérations conscientes, elles opèrent *depuis l'intérieur* des relations qui nous unissent les uns aux autres ainsi qu'aux choses dont nous dépendons – c'est ce qu'évoque la notion d'« Internet des objets ».

À TRAVERS L'AMÉLIORATION DE L'APPRENTISSAGE PROFOND, NOS INTRASTRUCTURES NUMÉRIQUES PRENNENT DE PLUS EN PLUS D'INDÉPENDANCE ENVERS NOS CLAVIERS ET NOS ÉCRANS.

Comme l'illustre le cas des données biométriques émises par le corps du diabétique, les intrastructures numériques tendent à s'insinuer entre moi (ma conscience) et moi-même (mes mouvements irréfléchis, ma sensibilité infra-perceptive, le fonctionnement de mes organes internes). Sans même avoir besoin de planter des électrodes dans mon cerveau ou de coller des capteurs sur ma peau, les serveurs et les algorithmes de Google, d'Amazon, de Deezer ou de Netflix savent avant moi et mieux que moi quelle information, quel livre, quelle chanson, quel film je désire découvrir. Leurs micro-temporalités et leurs macro-capacités d'agrégation et de filtrage condamnent mes perceptions et ma conscience à être toujours en retard sur leurs résultats. Nos « *sensibilités du monde* » tendent à s'autoajuster spontanément, par l'entremise des médias du XXIe siècle, sans que l'on sache vraiment, ni collectivement ni individuellement, à quoi elles s'ajustent, à quelles fins, ni par quelles médiations. Mises en boucles récursives sur elles-mêmes par des causalités hypodermiques qui court-circuitent le moment de la réflexion et de la délibération, ces dynamiques « *resserrent le circuit allant de la sollicitation à la réponse* », sans nous laisser l'occasion de déterminer si la sollicitation est recevable, ni si la réponse est appropriée.

LES SERVEURS ET LES ALGORITHMES DE GOOGLE ET AUTRES SAVENT AVANT MOI ET MIEUX QUE MOI QUELLE INFORMATION, QUEL LIVRE… JE DÉSIRE DÉCOUVRIR.

L'emprise des données

Faut-il s'en inquiéter ? Sans doute, dès lors que ce qui anime et propulse vers l'avant le déploiement des intrastructures numériques, ce sont avant tout des dynamiques de compétition marchande et financière, qui n'ont pour objectifs que des sollicitations très ciblées et des réponses à très court terme. Faut-il pour autant condamner ces intrastructures comme de simples accélérateurs de la course vers l'abîme ? Pas forcément.

Le plus réaliste est peut-être de mieux comprendre comment intervenir de façon stratégique – c'est-à-dire réfléchie – dans les intrastructures numériques. Cela implique de développer notre capacité à injecter des projections par anticipation *(feed-forward)* au sein des boucles récursives qui tendent à gouverner la sensibilité du monde en pilote automatique. Pour à la fois mieux comprendre et mieux intervenir dans les multiples couches du *Stack*, une règle de base pourrait être de considérer – et de renommer systématiquement – *ce que nous nommons aujourd'hui des « données » comme constituant en réalité des « prises »*. La pensée utopiste qui a dynamisé les premiers développements d'Internet avait sans doute raison de souligner l'importance de la gratuité inhérente aux biens non rivaux. Parler de « données » était pleinement en phase avec les possibilités d'échanges de pair-à-pair ou de mises en ligne généreuses animées par le souci du bien commun. Sans récuser ces idéaux ni leurs bienfaits pratiques, il convient de reconnaître, à l'heure de la souveraineté des plateformes, qu'il n'y a pas de « donnée » qui n'ait été originellement, ou ne puisse faire ultérieurement, l'objet d'une « prise », voire être le vecteur d'une « emprise ». Chaque fois que je trouve le titre d'un livre sur Amazon, il ne m'est « donné » que parce que quelqu'un a jugé utile ou profitable de l'y saisir. En même temps, chacune de mes recherches donne à Amazon une certaine « prise » sur ma subjectivité : en corrélant cette recherche avec celles qui l'ont précédée ainsi qu'avec celles de millions d'autres utilisateurs plus ou moins comparables à moi, les bases de données et les algorithmes de la firme pourront m'appâter avec des tentations mieux ciblées lors de ma prochaine visite. Autrement dit, *prendre des données sur une plateforme, c'est donner prise à cette plateforme sur mes données.*

CHACUNE DE MES RECHERCHES DONNE À AMAZON UNE CERTAINE « PRISE » SUR MA SUBJECTIVITÉ.

Il est donc salubre de se rappeler que les *data* résultent de « prises » sélectivement saisies au sein de la réalité, et que ces prises sont toujours nécessairement « intéressées », même si elles peuvent devenir « intéressantes » bien au-delà des « intérêts » qui ont conditionné leur saisie originale – car telle est bien la vertu des *big data*. Qui prend quoi dans quoi ? selon quelles pertinences ? avec quels taux d'échantillonnage ? à quelles fins ? et avec quels effets ? C'est en questionnant les données et leur utilisation en termes de prises et d'emprises qu'on évitera (souvent) d'être les dindons de la farce numérique.

IL EST SALUBRE DE SE RAPPELER QUE LES *DATA* RÉSULTENT DE « PRISES » SÉLECTIVEMENT SAISIES AU SEIN DE LA RÉALITÉ.

Une seconde règle de base, complémentaire de la précédente, consiste à se rappeler que nous avons bel et bien prise sur les intrastructures numériques en même temps qu'elles ont prise sur nous : *ce sont nos utilisations personnelles et collectives des intrastructures numériques actuellement à notre disposition qui orientent leurs développements futurs, et qui frayent donc la voie à ce qu'elles nous feront dans l'avenir.* N. Katherine Hayles a consacré un ouvrage important à mieux comprendre la « *technogenèse* » des appareils numériques, terme par lequel elle désigne un double mécanisme récursif : d'une part, nos usages sont conditionnés par les appareils dont nous nous servons ; d'autre part, les développements futurs de ces appareils sont conditionnés par la façon dont nous nous en servons quotidiennement[24]. Certes, d'énormes entreprises commerciales montent de gigantesques opérations de publicité pour nous faire acheter des gadgets dont la diffusion tient bien davantage aux logiques du capitalisme financier qu'au soin de notre bien-être. Certes, les dynamiques actuellement en cours pointent davantage dans la direction d'un *Stack* voué à accélérer l'effondrement écologique, plutôt qu'à aider à l'enrayer. Certes, la souveraineté des plateformes paraît de moins en moins « accidentelle », et de mieux en mieux programmée pour extraire un maximum de profit et de contrôle de nos pérégrinations numériques.

Il n'en demeure pas moins, en dernière analyse, que ce sont nos comportements envers les machines qui déterminent leur devenir. Les intrastructures numériques de demain se décident – en partie – dans notre capacité actuelle à réfléchir de façon critique à leurs usages et à leurs implications. C'est à cette réflexion critique que devraient s'attacher les institutions d'enseignement, à tous les niveaux et dès le plus jeune âge. Un peu d'inconscient nourrit le désir, même s'il alimente aussi les phobies. Trop d'inconscient numérique risque de nous soumettre à des emprises indésirables et de nous aveugler aux prises que nous pourrions avoir sur les données qui nous traversent.

CE SONT NOS COMPORTEMENTS ENVERS LES MACHINES QUI DÉTERMINENT LEUR DEVENIR.

1. Voir A. Blum, *Tubes. A Journey to the Center of the Internet*, HarperCollins, New York, 2012. R. Maxwell et T. Miller, *Greening the Media*, Oxford University Press, Oxford, 2012. J. Durham Peters, *The Marvellous Clouds. Towards a Philosophy of Elemental Media*, University of Chicago Press, Chicago, 2015.
2. C. Malmo, « Bitcoin is unsustainable », *Motherboard*, 29 juin 2015, http://motherboard.vice.com/read/bitcoin-is-unsustainable.
3. B. Bratton, *The Stack. On Software and Sovereignty*, MIT Press, Cambridge, 2016, p. 92-93.
4. B. Bratton, *The Stack*, *op. cit.*, p. 82.
5. J. Parikka, *A Geology of Media*, University of Minnesota Press, Minneapolis, 2015.
6. N. Starosielski, *The Undersea Network*, Duke University Press, Durham, 2015, p. 10.
7. Voir sur ces questions T.-H. Hu, *A Prehistory of the Cloud*, MIT Press, Cambridge, 2015.
8. B. Bratton, *The Stack*, *op. cit.*, p. 70.
9. *Ibid.*, p. 58.

10. *Ibid.*, p. 47-51.
11. Voir F. Kittler, *Mode protégé*, Les Presses du réel, Dijon, 2015. Deux autres ouvrages fondamentaux du même auteur deviennent enfin accessibles aux lecteurs francophones : *Médias optiques. Cours berlinois 1999*, L'Harmattan, Paris, 2015 et *Gramophone, Film, Typewriter* (1986), Les Presses du réel, Dijon, à paraître en 2016.
12. Voir sur ce point W. Hui Kyong Chun, *Programmed Visions. Software and Memory*, MIT Press, Cambridge, 2011.
13. I. Illich, *La Convivialité*, Le Seuil, Paris, 1973.
14. V. Flusser, *La Civilisation des médias*, Circé, Belval, 2006 et *Pour une philosophie de la photographie*, Circé, Belval, 2004. Voir aussi F. Pasquale, *Black Box Society. Les algorithmes secrets qui contrôlent l'économie et l'information*, FYP Editions, Limoges, 2015.
15. N. Thrift, « Inconscient technologique et connaissances positionnelles », disponible en ligne sur le site de la revue *Multitudes*, www.multitudes.net.
16. Voir sur ce point l'ouvrage fondamental de A. R. Galloway, *Protocol. How Control Exists after Decentralization*, MIT Press, Cambridge, 2004.
17. K. Easterling, *Extrastatecraft. The Power of Infrastructure Space*, Verso, Londres, 2014, p. 72.
18. D. Cardon, *À quoi rêvent les algorithmes*, Le Seuil, Paris, 2015.
19. Sa leçon inaugurale est en ligne sur http://www.college-de-france.fr/site/yann-lecun/_inaugural-lecture.htm.
20. D. Boullier, « Les sciences sociales face aux traces du big data. Société, opinion ou vibrations ? », *Revue française de science politique*, vol. 65, n° 5-6, 2015.
21. C. Anderson, « The end of theory. The data deluge makes the scientific method obsolete », *Wired*, 22 juin 2008, disponible en ligne sur http://www.wired.com/2008/06/pb-theory/.
22. B. Stiegler, *La Société automatique*, Fayard, Paris, 2015 ; É. Sadin, *La Vie algorithmique. Critique de la raison numérique*, L'Échappée, Paris, 2015. F. Berardi, *Tueries. Forcenés et suicidaires à l'ère du capitalisme absolu*, Lux, Montréal, 2016.
23. M. B.N. Hansen, *Feed-Forward. On the Future of Twenty-First-Century Media*, University of Chicago Press, Chicago, 2015, p. 52 et 58.
24. N. Katherine Hayles, *Lire et penser en milieux numériques. Attention, récits et technogenèse*, ELLUG, Grenoble, 2016.

Suite à l'article de Daniel Garcia paru dans le numéro 3 de la *Revue du crieur*, Hélène Carrère d'Encausse, en sa qualité de Secrétaire perpétuel de l'Académie française et au nom de celle-ci, a souhaité exercer son droit de réponse, conformément à l'article 13 de la loi du 29 juillet 1881 sur la presse.

Mise au point et rectifications de l'Académie française :

« Sans s'attarder au titre inutilement provocateur de l'article consacré par Monsieur Daniel Garcia à l'Académie française (et le plus souvent à l'Institut de France avec lequel elle ne saurait être confondue, puisqu'il s'agit de deux entités juridiques tout à fait distinctes et indépendantes l'une de l'autre), l'Académie française tient à rectifier les principales inexactitudes de cet article :

1/ L'Académie ne peut « puiser dans sa cassette pour aider un des siens dans le besoin » ni « le loger à bas prix ». Un seul académicien est actuellement logé dans le parc immobilier de l'Académie – en vertu d'un bail consenti au prix du marché quinze ans avant son élection.

2/ L'appartement de fonction du Secrétaire perpétuel a une superficie de 130 mètres carrés, et non de 400. Il ne saurait être confondu avec les salons de réception utilisés pour diverses manifestations académiques et non pour l'usage personnel du Secrétaire perpétuel.

3/ La valeur vénale du parc immobilier de l'Académie, mentionnée par le dernier rapport de la Cour des comptes, est de 75 millions d'euros (selon l'estimation de France Domaine) et non de 120 millions.

4/ Le Secrétaire perpétuel, en l'occurrence moi-même, ne dispose pas, « outre un appartement somptueux », d'une voiture de fonction et d'un chauffeur – et cela depuis 2002. Je ne suis pas davantage « nourrie sur place » si ce n'est par mes soins, et l'intendante de l'Académie dont j'utilise pour partie les précieux services n'est pas « une femme de charge ».

Commentaires de Daniel Garcia, auteur de l'article :

En ce qui concerne le préambule, dans lequel Mme Carrère d'Encausse tient à dissocier l'Académie française de l'Institut, je renvoie aux articles 35 à 38 de la loi du 18 avril 2006, portant statut de l'Institut et des Académies. Dès lors que l'Académie française contribue à « composer » l'Institut de France, il paraît difficile de les dissocier…

Sur les logements de faveur, je renvoie au titre III du Rapport de la Cour des comptes d'avril 2015 intitulé « La faiblesse de la gestion immobilière locative » qui évoque notamment des « situations très favorables à certains locataires ». Par ailleurs, sous le titre « Régimes de faveur », le rapport relève, page 87 : « Au sein du parc immobilier locatif de l'Institut et des académies, des logements sont attribués à des conditions particulièrement avantageuses, voire gratuitement. Les bénéficiaires de ces régimes de faveur sont souvent des personnes ayant un lien personnel avec l'Institut de France ou l'une des académies. »

Sur l'appartement de fonction, de fait et, on peut le supposer, pour des raisons fiscales, l'Académie aime bien soutenir qu'il faut dissocier, dans les 400 mètres carrés du logement, la partie « pièces de réception » de la partie « habitation strictement privée ». Mais, dans la réalité, les pièces de réception ne servent qu'à l'usage du secrétaire perpétuel et à nul autre. Les repas des académiciens (le jeudi), les pots, etc., ont lieu dans des salons du Palais Mazarin qui ne relèvent pas de l'appartement de fonction du Perpétuel.

Sur la valeur vénale du parc immobilier.
Le rapport de la Cour des comptes d'avril 2015 donne bien, page 37, le chiffre de 75 millions d'euros. Mais il ne s'agit que « du parc immobilier locatif », qui ne comprend donc pas les 700 hectares de terres agricoles également propriété de l'Académie (par exemple), ni le château de Berzée. Par ailleurs, la Cour prend bien soin de préciser que ce chiffre, ainsi que ceux concernant l'Institut et les autres académies, ont été établis « d'après données Institut, académies et France Domaine », sans plus de précisions… En d'autres termes, la Cour ne valide pas officiellement ces estimations.

Sur les avantages en nature du Secrétaire perpétuel.
Contrairement à M. de Broglie ou à d'autres Perpétuels, Hélène Carrère d'Encausse ne dispose pas d'une voiture personnelle avec chauffeur recruté en CDI – dont acte.

43 € • 1 AN • 3 NUMÉROS

REVUE DU CRIEUR BULLETIN D'ABONNEMENT

Je m'abonne pour 1 an (3 numéros)
à la REVUE DU CRIEUR à partir du numéro .....

Nom* ....
Prénom* ....
Établissement* ....
Adresse *...
....
Code postal* .... Ville* ....
Pays* ....
E-mail ....
Tél. .... Fax ....

*mentions obligatoires

- **Particuliers**

☐ France et Dom-Tom 43 € ☐ UE et Suisse 46 €
☐ Autres pays 50 €

- **Institutionnels**

☐ France et Dom-Tom 45 € ☐ UE et Suisse 49 €
☐ Autres pays 53 €

Prix en vigueur à compter du 1er **juillet 2015**, port compris.

Ci-joint mon règlement :
☐ Chèque libellé à l'ordre de : **Elsevier Masson**
☐ Mandat-lettre
☐ Carte bancaire (Carte bleue, Visa et Master-Eurocard uniquement) :
Numéro de carte :
Date de validité : Signature :

Votre commande ne vous sera envoyée qu'après réception de votre paiement.

Bulletin à retourner à :
Revue du crieur
Elsevier Masson SAS, service abonnements
62, rue Camille-Desmoulins
92442 Issy-les-Moulineaux Cedex

Conformément à la loi Informatique et liberté du 8 janvier 1978 modifiée, ces informations peuvent donner lieu à l'exercice du droit d'accès et de rectification, d'opposition et de suppression des données vous concernant à l'adresse suivante : Elsevier Masson, Service abonnements, 62 rue Camille-Desmoulins, 92442 Issy-les-Moulineaux Cedex.

Si vous ne souhaitez pas recevoir d'informations ou d'offres de la part des Éditions La Découverte et/ou de Mediapart, cochez cette case : ☐

Vous disposez d'un délai de 7 jours à compter de la réception de vos abonnements pour exercer votre droit de rétractation auprès de Elsevier Masson.

PROCHAIN NUMÉRO OCTOBRE 2016

Directeurs :
Hugues Jallon, Edwy Plenel

Rédacteurs en chef :
Joseph Confavreux, Rémy Toulouse

Création graphique :
Agnès Dahan Studio
Agnès Dahan, avec Corentin Perrichot

Direction de la publication :
Hugues Jallon

www.revueducrieur.fr

ISBN : 978-2-7071-9056-7
ISSN : 2428-4068
Diffusion Interforum

Achevé d'imprimer sur les presses
de l'imprimerie Loire Offset,
à Saint-Étienne.
Dépôt légal : juin 2016
N° d'impression : 201605.1244
Imprimé en France

MEDIAPART
8, passage Brulon
75012 Paris

La Découverte
9 bis, rue Abel Hovelacque
75013 Paris

MIXTE
Papier issu de sources responsables
FSC® C003309
FSC www.fsc.org

La *Revue du crieur* est imprimée sur du papier issu de forêts gérées de manière responsable.